世纪敦煌

ONCE IN MY EYES

Images of
Mogao Grottoes
in Dunhuang
Since 1907

跨越
百年的
莫高窟
影像

孙志军　编著

中信出版集团 | 北京

图书在版编目（CIP）数据

世纪敦煌：跨越百年的莫高窟影像 / 孙志军编著
.-- 北京 ：中信出版社, 2021.9（2025.3重印）
ISBN 978-7-5217-3220-7

Ⅰ. ①世… Ⅱ. ①孙… Ⅲ. ①敦煌石窟—摄影集
Ⅳ. ①K879.212

中国版本图书馆CIP数据核字(2021)第106933号

世纪敦煌：跨越百年的莫高窟影像

编　　著：孙志军
策划推广：北京地理全景知识产权管理有限责任公司
出版发行：中信出版集团股份有限公司
　　　　　（北京市朝阳区东三环北路27号嘉铭中心　邮编　100020）
制　　版：北京美光设计制版有限公司
承 印 者：北京雅昌艺术印刷有限公司
开　　本：889mm×1194mm　1/16　　印　张：20　　字　数：200千字
版　　次：2021年9月第1版　　　　　印　次：2025年3月第14次印刷
书　　号：ISBN 978-7-5217-3220-7
定　　价：238.00元

序　言

　　敦煌莫高窟初建于公元 4 世纪，其后经历了一千多年持续不断的营建，形成了规模宏大的佛教石窟群。敦煌石窟的营建与丝绸之路的发展密切相关，隋唐丝绸之路高度繁荣的时期，敦煌石窟开凿的数量最多，艺术水平极高。而到了明朝以后，陆上丝绸之路几乎中断，敦煌石窟也停止了营建，并逐渐被人遗忘。直到 1900 年，莫高窟藏经洞的发现，使敦煌再度引起了世界的关注。由于清政府的腐败，这个意义非凡的发现并没有得到足够的重视，更没有及时采取保护措施，致使大量文物流失国外。

　　一百多年来，莫高窟经历了各种风风雨雨。明清时期数百年间，敦煌石窟处于无人管理的状态，直到 1944 年国民政府成立国立敦煌艺术研究所，才有了专门的保护机构。1949 年以后，莫高窟得到了有效的保护管理，特别是 20 世纪 60 年代，国家拨巨资对莫高窟进行了全面加固，使莫高窟的安全得到了有效的保证。但这次加固工程也彻底改变了莫高窟的外观，使后人无法知道此前莫高窟的整体风貌。此后的几十年来，敦煌研究院在保护管理方面做出了不懈的努力，使莫高窟的建筑、彩塑、壁画始终保持着当年的原貌。虽然不少洞窟包括崖体都经过了多次修缮加固，但我们始终秉持最小程度干预、修旧如旧的理念，努力使这一世界文化遗产保持它原有的历史风貌。

　　由于资料的欠缺，这一百多年来莫高窟经历了怎样的历史巨变，人们还很难得到完整的认识。多年来，国内外敦煌学专家通过各种途径不断进行探讨，不同时代拍摄的照片无疑是最直观、最真实的可资利用的历史记录。一百多年来，陆陆续续有不少人对莫高窟进行过拍摄。在 1949 年之前，规模最大的拍摄活动有两次。一次是 1908 年伯希和探险团的拍摄，后来集结成《敦煌石窟》图录出版，并在学术界产生了很大的影响。另一次是罗寄梅在 1943 年至 1944 年间的拍摄。当时是为国立敦煌艺术研究所进行的档案拍摄，但是这 2000 多张照片全都被罗寄梅带走，并没有为研究所留下任何资料。罗寄梅将照片带到美国，卖给了普林斯顿大学，这批照片至今尚未出版。

近年来，20 世纪上半叶拍摄的照片不断公诸世人，多多少少增加了我们对这段历史的认识。但因缺乏整理和研究，这些资料的价值尚未体现出来。敦煌研究院网络中心主任孙志军先生长期从事摄影工作，在石窟文物摄影方面成果尤为卓著。近年来，他十分关注从摄影史的角度调查与敦煌、丝绸之路相关的资料，并进行比较研究。他将 20 世纪的相关照片整理出来，用今天的照片进行对比，使我们更加清晰而明确地认识到洞窟内外的今昔差异，从而了解莫高窟的那些细微变化。针对 1908 年伯希和探险团努埃特的摄影，孙志军选取同样对象，从同样角度、在同样季节甚至同样光照条件下进行拍摄，基本还原了当时的莫高窟景象，还可以对当时的拍摄技术及摄影者的想法进行一些探讨。这样的比较，让我们有一种穿越时空之感，对今天的摄影艺术创作也是富有启发的。

总之，本书提供了关于莫高窟的丰富历史图片，并以今天的摄影作品作为对照，展示了莫高窟的外貌以及不同洞窟内部的变化，对于我们全面、完整地了解莫高窟一百多年来的历史变迁具有重要的参考价值，特别是有助于敦煌石窟历史考古等方面的研究。

赵声良

2021 年元旦

目　录

上：敦煌汉长城防线上的军用仓库河仓城，斯坦因1907年3月10日拍摄。收藏机构匈牙利科学院图书馆授权使用

下：敦煌莫高窟外观，斯坦因1907年5月拍摄。收藏机构匈牙利科学院图书馆授权使用

早期探险家、学者和摄影师镜头下的
莫高窟（1907—1949）

孙志军

　　沉寂了近千年的敦煌莫高窟，于 20 世纪初重新回归全世界的视野，或许并非偶然。当时，随着中亚地理考察热的延续与"东方学"的兴起，欧洲各国的探险家、考察团队，纷纷沿着古老的丝绸之路来到莫高窟，并最终揭开了一座人类文化宝藏的神秘面纱。他们盗窃、劫掠了莫高窟大量的珍贵文物，与此同时也整理出版了细致的考古、地理调查资料。单从学术层面看，这些资料具有无法取代的史料价值。

　　20 世纪 20 年代，中国本土学者开始对莫高窟进行系统性的调查研究。20 世纪 30 年代至 40 年代，国民政府提出了建设和开发大西北的相关计划，这也为中国当时的历史学家、考古学家、艺术家打开了考察和研究敦煌莫高窟的方便之门。在那段风雨如磐的岁月中，这些前辈学者通过文章、壁画临本、照片等媒介，为莫高窟的保护做出了重要的贡献。

　　尽管在 1944 年国民政府成立国立敦煌艺术研究所之前，莫高窟完全处于无人管理的境地，但也正是这种"来去自由"，为莫高窟留下了丰富的早期影像资料。

　　2011 年以来，李绍先、罗华庆先生发表了《李约瑟与敦煌》，何俊华、包菁萍先生发表了《巴慎思敦煌之行的石窟照片》，赵声良先生发表了《罗寄梅拍摄敦煌石窟照片的意义》。这些文章，对 1944 年国立敦煌艺术研究所成立之前发生在莫高窟的摄影个案进行了研究。遗憾的是，在敦煌学勃兴的今天，却缺乏一份对这一时期莫高窟摄影活动的清晰、完整的史料辑录。正如先贤所言："一幅照片暗含的那种真实性，也许为它赋予了作为证据或证物的特殊价值。"[1] 因此，我尝试综合 1949 年以前有关莫高窟的历史研究资料、调查报告、公函、画册和回忆录等，以编年的方式梳理了 1907—1949 年早期探险家、学者和摄影师在莫高窟的拍摄活动。

莫高窟摄影的开端

　　1907 年 3 月，英国探险家斯坦因 (Marc Aurel Stein，1862—1943) 率领他的第二

---

1. 博蒙特·纽霍尔：《摄影的历史——1839 年至今》，毛卫东译，摄影文库，未刊本，第 376 页。

左上：位于敦煌西北的汉代玉门关，斯坦因 1907 年 4 月 24 日拍摄。收藏机构匈牙利科学院图书馆授权使用

右上：敦煌的汉长城，斯坦因 1907 年 4 月 1 日拍摄。收藏机构匈牙利科学院图书馆授权使用

左下：敦煌莫高窟第 45 窟的唐代塑像，斯坦因 1907 年 5 月拍摄。收藏机构匈牙利科学院图书馆授权使用

右下：斯坦因拍摄的敦煌藏经洞经卷相对原始的状态，1907 年

次中亚探险队，经罗布泊前往敦煌。他最初的目的是到敦煌考察古迹，但在敦煌进行了短暂的考察后，他就明确了此行的目标——考察敦煌的古代长城遗址，考察莫高窟，搜集藏经洞出土的古代文献。驻留莫高窟期间，他利用了三清宫住持、道士王圆箓的无知，以极其低廉的价格骗购了 24 箱藏经洞出土写本、5 箱绢画和丝织品等珍贵文物、文献。

可以说，对莫高窟藏经洞文物的洗劫，斯坦因是罪魁祸首。但同样也是斯坦因，第一次在莫高窟架起照相机，快门声第一次在洞窟内响起。他拍摄了大量莫高窟外景和洞窟内壁画的照片。根据国际敦煌项目（International Dunhuang Project，IDP）目前公布的斯坦因摄影档案统计，1907 年，斯坦因在敦煌共拍摄照片 134 幅，其中有关莫高窟的照片有 46 幅。

斯坦因完成了对包括敦煌在内的新疆、甘肃等地的考察后，于 1912 年出版了两卷本中亚考察记《沙埋契丹废址记》（*Ruins of Desert Cathay*）。书中的 340 余幅照片，有 64 幅拍摄于敦煌。这是目前所见最早公布于世的敦煌和莫高窟的照片，其历史价值已经远远超出了斯坦因的想象——在此后的许多年里，这批照片是有关莫高窟外观、洞窟本体，以及当时人物存在的唯一影像记录。1921 年，斯坦因出版了《塞林底亚——在中亚和中国西陲考察的详细报告》（*Serindia: Detailed Report of Explorations in Central Asia and Westernmost China*），书中有关敦煌的照片多达 226 幅，它们客观地反映了当时敦煌的汉长城遗址，莫高窟的壁画，藏经洞出土的经卷、绢画、刺绣、剪纸，以及敦煌的自然环境，其中 20 幅绢画、刺绣等艺术品更采用了彩色印刷的技术，使读者对中国古代的艺术品有了直观的色彩感受。

由于第二次中亚考察的成功，斯坦因计划进行第三次中亚考察，重点考察新疆的吐鲁番、哈密、天山北麓地区以及罗布荒漠，后来又将计划扩展至内蒙古额济纳的黑城遗址。1914 年 3 月 16 日，斯坦因再次从米兰来到了敦煌，随即开始考察敦煌西部的汉长城。4 月 2 日，他再次造访莫高窟并滞留了一周的时间。1928 年，斯坦因出版了他的第三次中亚考察报告《亚洲腹地考古记——在中亚、甘肃和东部伊朗考察的详尽报告》（*Innermost Asia: Detailed Report of Explorations in Central Asia，Kan-Su and Eastern Iran*），书中有 40 幅敦煌和莫高窟的照片，内容涉及敦煌汉长城、敦煌县城、莫高窟，以及敦煌周边的自然环境。

斯坦因在印度旁遮普大学任注册官时，曾师从梅约艺术学院院长亨利·安德鲁斯（Frederick Henry Andrews，1866—1957）学习摄影，又曾受聘于印度考古调查局

这张莫高窟第 4 窟的照片是斯坦因在莫高窟的洞窟里拍摄的第一张照片，时间为 1907 年 5 月 22 日下午 3 点，曝光时间 5 分钟。照片收藏机构匈牙利科学院图书馆授权使用

敦煌莫高窟第 432 窟附近的洞窟群，斯坦因摄，1907 年 5 月 31 日。照片收藏机构匈牙利科学院图书馆授权使用

上：敦煌莫高窟第 249 窟附近的洞窟群，斯坦因摄，1907 年 5 月 27 日。照片收藏机构匈牙利科学院图书馆授权使用

下：敦煌莫高窟第 16 窟，斯坦因摄，经卷为后期手工添画，1907 年 6 月 8 日。照片收藏机构匈牙利科学院图书馆授权使用

从事考古调查。这样的经历，使得斯坦因在莫高窟拍摄的照片信息量大、影像质量上乘。他的很多照片都纳入人物作为比例参照，让人们对他所拍摄的遗址有了较为直观和准确的体积感。

值得一提的是，那幅广为流传的藏经洞门外堆满了手稿的照片，由于斯坦因的失误造成原底片二次曝光，最后不得不在藏经洞外观的照片上添画了几堆手稿[1]。斯坦因拍摄的王圆箓的照片，也是让后人一睹这位道士真容的绝版作品。

1908 年 2 月 25 日，法国西域考古探险团团长伯希和（Paul Pelliot，1878—1945）和他的团员们也来到了莫高窟。先期抵达的探险团专业摄影师夏尔·努埃特（Charles Nouette）按照莫高窟的大片纵切面完成了对洞窟的编号[2]，测绘师路易·瓦扬（Louis Vaillant）则绘制了石窟分布平面草图。这些先期工作，为法国探险团的拍摄奠定了基础，此后在伯希和的石窟笔记中，我们看到其有条不紊地进行了一系列的拍摄工作：

> 在 1 号洞窟，"努埃特拍摄了左侧前版面（轿中人和金河中的女子）和全部雕像"，"还要看看前厅右侧的壁龛里有无办法再拍几张佛陀弟子们的像"；
>
> 在 10 号洞窟，"这个画面的边端部有若干供养人的画像，要拍照"，"旁边的画面上，入口内右侧有僧侣的画像，要拍照"，"前画面上，入口靠左手，有一幅女供养人的画像，要拍照"；
>
> 在 12 号洞窟，"努埃特对前厅两侧画面拍了照，系纯粹而不标准的中原风格……应该再对两侧画面下部的装饰进行拍照"；
>
> 在 17（乙）号洞窟，"这些画对于研究人物和服饰有很大价值，要对它进行深入研究，并拍摄尽可能多的照片"，"入口内右侧有一系列穿异族服装的人物，应该照下来"；
>
> 在 34 号洞窟，"（十六观）顺序和内容相当难以考问，应该拍摄之"；
>
> 61 号洞窟，"在左墙的壁画中有一条蒙古游人题记和一条藏文题记，均已拍摄"；
>
> 72 号洞窟，"我们发现了一身在手中长眼的奇怪的千眼观音，由于其特征而值得进行拍摄"；
>
> ……

1. Susan Whitfield：《Aurel Stein on the Silk Road》，大英博物馆出版社，2004，第 72 页。
2. 伯希和：《伯希和敦煌石窟笔记》，耿昇译，甘肃人民出版社，2007。

上：敦煌汉长城遗迹，斯坦因摄，1907 年 5 月 4 日。照片收藏机构匈牙利科学院图书馆授权使用

左下：英国探险家斯坦因

右下：道士王圆箓，斯坦因摄，1907 年 6 月 11 日

从这份记录中不难看出，伯希和探险团在敦煌莫高窟的拍摄是有计划的，题记、供养人像、有明显风格的画面和难以考证内容的壁画，都是拍摄重点。夏尔·努埃特在短暂的时间里，以迅速而又锐利的目光，几乎抓住了莫高窟中所有最有价值的部分，系统地拍摄了莫高窟，其重要性不言而喻。

伯希和在 1908 年 4 月 30 日致"中亚与远东历史、考古、语言、民俗考察国际协会"法国分会会长埃米尔·塞纳特（Émile Senart，1847—1928）的信中写道："我认为，无论是从所拍摄的照片来看还是从语言学角度来讲，我们都从千佛洞获得了人们希望从中得到的一切……"信中还特别谈到了他们在莫高窟拍摄的数量和使用的感光材料，"对于一位摄影师来说，则需要 40/50 规格的玻璃底片和彩色上色胶片 200 卷（块），但我们的玻璃底片存货已消耗殆尽。我们从千佛洞带回了近 430 卷 18/24 规格的胶片，其中还有相当数量的胶片是 9/12 规格的。后一批胶片主要用来拍摄洞中的短小题识。"

努埃特在莫高窟拍摄了大量的黑白胶片，为了保证拍摄质量，他还在莫高窟冲洗底片并洗印出了部分照片。尤其需要注意的是，在上述信中，伯希和还写道："我们已经对该窟的壁画拍摄了某些照片，但努埃特最终以水彩画法对它们做了染色，以至于它们对我们具有了一种原始文献的价值……我们于此还选出了其他照片，但努埃特都为它们加上了色彩，我保存着它们。"[1]

伯希和回到法国后，在 1914—1924 年，花了 10 年时间，出版了六卷本的《敦煌石窟》（*Les Grottes de Touen-houang*），这是第一部关于敦煌莫高窟的大型图录，比较全面地介绍了敦煌石窟艺术，其内容包括莫高窟 108 个洞窟和外景的 399 幅照片。这部图录全书都采用素质一流的 12 英寸大照片，成为早期研究敦煌艺术最主要的图像依据，是当时国际敦煌学界深入了解莫高窟的经典之作，其影响力时至今日仍不可小窥。

如果将法国西域考古探险团拍摄的照片和后来者拍摄的照片做一对比，就会发现，莫高窟在 20 世纪 40 年代之前，一直在发生各种各样的变化。比如 1924 年 1 月 22 日，华尔纳第一次来到莫高窟的当天，他在给家人的信中写道："两年前曾经有 400 名俄国囚俘在这里住过 6 个月，他们对壁画进行了大量的、无可弥补的破坏，现在再也拍不到当年斯坦因和伯希和所能够拍摄到的那些照片了……"[2]

---

1. 伯希和：《伯希和西域探险日记》，耿昇译，中国藏学出版社，2014，第 699 页。
2. 华尔纳：《在中国漫长的古道上》，姜洪源、魏宏举译，新疆人民出版社，2001，第 326 页。

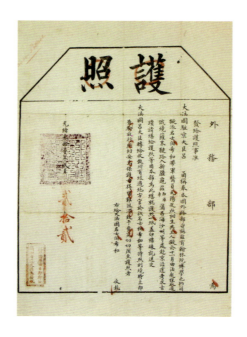

上：努埃特拍摄的法国探险团在莫高窟考察洞窟，1908 年

左下：法国西域考古探险团成员合影，左为测绘师瓦扬，中为团长伯希和，右为摄影师努埃特，1906 年 7 月 15 日

右下：清政府于光绪三十一年（1905）发给伯希和的护照

1910 年至 1914 年，日本西本愿寺第二十二代法主大谷光瑞组织了他的第三次亚洲腹地探险活动。吉川小一郎、橘瑞超等日本学者，也因此在敦煌和新疆多地对佛教遗迹进行考察和发掘。1911 年 10 月 5 日，对昔日佛教圣地心怀向往的吉川小一郎来到了莫高窟。在《敦煌见闻》（收录于《丝路探险记》）一文中，吉川小一郎留下了这样的记录：

　　　　10 月 19 日，……给洞内的唐代壁画照相。

　　　　10 月 20 日，……我到第二层看各洞并照相。第二、三层路很危险，很多地方带着照相机上不去。[1]

　　吉川小一郎在敦煌莫高窟的拍摄没有系统性，像是游客一般，从北到南洞里洞外拍了 21 幅照片，这些照片现在保存于日本龙谷大学。由于数量少且影像素质欠佳，吉川小一郎在莫高窟拍摄的照片影响甚微。1937 年，日本有光社出版了两卷本《新西域记》，首次将大谷光瑞探险队所得到的资料和文物公之于众，下卷中有吉川小一郎在莫高窟和榆林窟拍摄的洞窟、经卷照片 29 幅。

　　1914 年 5 月，俄国新疆考察队成立，队长为奥登堡（S. F. Oldenburg，1863—1934），成员有画家兼摄影师杜金（S. M. Dudin），地形测绘师斯米尔诺夫，民族学家龙贝格以及艺术家贝肯伯格，主要研究对象是敦煌莫高窟。因为对这次考察谋划已久，加上经费充裕而且人员搭配合理，此次考察的目的显得很宏大——对莫高窟的古代艺术遗存进行全面彻底的研究，并对其进行编目和考订。考察队在出发之前就制订了详细的计划，包括绘制莫高窟的总立面图、每一洞窟的平面图和剖面图，临摹重要的壁画或塑像，为所有洞窟拍摄照片，还计划对每个洞窟进行详细的文字记录，这一切就是为了制作和出版大型的考古报告。

　　1914 年 8 月 20 日，奥登堡一行到达莫高窟，按计划全面展开工作。他们详细研究了洞窟壁画与彩塑，认真进行了摄影、复描、绘画、测绘、考古清理、发掘和记录工作。我们可以认为，首次对敦煌石窟进行全面、科学研究的，就是奥登堡率领的俄国新疆考察队，他们甚至对之前很少有人注意的莫高窟北区石窟，也做了考古清理。也是他们，第一次绘制了纵贯南北两区的莫高窟总立面图。

　　1915 年 1 月 26 日，俄国新疆考察队启程回国，他们带走了在莫高窟测绘的 443

---

1. 大谷光瑞等：《丝路探险记》，章莹译，新疆人民出版社，1998，第 274 页。

左：1908年，伯希和花了三个星期时间在藏经洞里挑选经卷，努埃特拍了三张照片，记录下了这一历史性的场面，这是其中的一幅。伯希和的语言优势对挑选经卷有极大帮助

上：伯希和对拍摄莫高窟提出了许多具体要求，有题记的人物是拍摄重点之一

下：努埃特于1908年拍摄的一些壁画在今天已有明显变化，例如这幅照片左侧的两个人物的面部现在已损毁

努埃特 1908 年拍摄的莫高窟北大佛外观，当时的佛殿建筑还是五层楼阁

个洞窟的平剖面图以及拍摄的 2000 余幅照片，还剥走了一些壁画，拿走了几十身彩塑，复描了几百张壁画，并且做了详细的文字叙录，同时也窃走了莫高窟南北二区洞窟中清理发掘出来的各类文物，以及在当地收购的各类绘画品、经卷等文物。

对于莫高窟的摄影历史而言，俄国新疆考察队是首次科学、全面的拍摄。由于提前做了充分的准备，他们的拍摄比斯坦因及伯希和更为全面、系统、细致。摄影师杜金拍摄莫高窟的各类遗迹，既兼顾整体性又不舍所有细节。他拍摄了 156 个洞窟的窟形、彩塑和壁画，并且首次对莫高窟崖体的洞窟分布情况进行了逐段的摄影记录，最终获得了莫高窟南北区整个外立面的全景图，崖面上的栈道、建筑梁孔、洞窟前室壁画和彩塑、木构窟檐一一被他收入镜中。

至于洞窟内，杜金则尽量关注伯希和探险队没有拍摄到的细节，比如仅第 254 窟他就拍摄了不同景别的照片 24 幅，第 428 窟也拍了 18 幅之多。一百多年来，莫高窟已发生了很大的变化，文物遗迹随着岁月流逝逐渐变化，石窟本体在无人管理期遭到了不同程度的破坏，国立敦煌艺术研究所成立后，拆除了洞窟前一些不合理的建筑，之后，莫高窟的崖体经过 20 世纪 60 年代的加固工程，外貌与百年前已有较大的变化。因此，杜金当年拍摄的照片，为我们提供了 20 世纪初莫高窟全面、系统的摄影资料，具有极其珍贵的档案价值。

俄国新疆考察队在莫高窟拍摄的 2000 多幅照片，现存于俄罗斯艾尔米塔什博物馆东方部。1997—2005 年，艾尔米塔什博物馆和上海古籍出版社合作，出版了六卷本《俄藏敦煌艺术品》，其中第三卷和第四卷，首次集中公布了俄国新疆考察队拍摄的莫高窟整体环境及 156 个洞窟的照片 869 幅。

1924 年 1 月 21 日，美国哈佛艺术博物馆中国考察队的兰登·华尔纳（Langdon Warner，1881—1955）到达敦煌。次日，他前往莫高窟。华尔纳此行的目的，是从东方美术史的角度来调查敦煌莫高窟的壁画。在随后的 10 天里，华尔纳花了 5 天时间，用事先准备好的胶布，粘走了大小不等的 12 块壁画。与此同时，他也拍摄了照片，不过在其著作《在中国漫长的古道上》（*The Long Old Road in China*）中只看到 4 幅与莫高窟有关的照片。1925 年，华尔纳率领的哈佛艺术博物馆中国考察队，再度来到莫高窟，摄影师理查德·斯达（Richard Starr）拍摄了 13 幅照片。在哈佛艺术博物馆中国考察队拍摄的莫高窟照片中，北大像佛头暴露于室外的照片、第 328 窟佛龛内南侧的供养菩萨搬出洞窟时的照片，都是孤本，具有无与伦比的史料价值。据初步统计，美国哈佛艺术博物馆中国考察队先后两次在莫高窟拍摄照片 52 幅，这批照片目前保存在哈佛大学艺术图书馆。

俄国新疆考察队拍摄的莫高窟第 292 窟。这张照片为莫高窟早期摄影史料中所罕见的

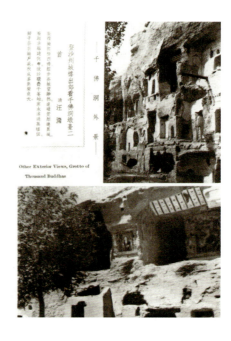

上：斯文·赫定拍摄的莫高窟外景，1934 年 11 月 6 日。照片由瑞典斯文·赫定基金会授权使用

左下：1925 年 5 月 23 日，陈万里与美国哈佛艺术博物馆中国考察队到莫高窟考察期间拍摄的莫高窟第 285 窟

右下：《西北揽胜》书影

中国政府与民间保护力量的加入

1925 年 2 月，美国哈佛艺术博物馆中国考察队准备第二次前往莫高窟，北京大学研究所国学门委派陈万里（1892—1969）随同，前往敦煌调查并搜访佛教艺术品。考察队一行于 2 月 16 日从北平出发，5 月 19 日抵达敦煌。由于华尔纳 1924 年在莫高窟窃取壁画一事，敦煌官民对考察队在莫高窟的活动严加防范，并规定该考察队不得在莫高窟居住，只能每天往返县城。

在其后的三天时间里，陈万里和考察队其他人员在洞窟里总共考察了 15 个小时，陈万里单独拍摄壁画并随时摘录题记，他在极为有限的时间内拍摄了 17 张照片，并于 5 月 27 日晚在安西冲洗了胶卷，"结果极佳，良足自慰"。

1926 年，陈万里将此次考察的调查报告《西行日记》交北平朴社刊印，其中的《敦煌千佛洞三日间所得之印象》写道："如此伟大之古迹，恐在国内无第二处足以相抗。单就摄影计划言，非有半年工作不可。"

时任北京大学研究所国学门考古学研究室主任的马衡在序中称赞陈万里："历时几半载，成《西行日记》一卷……实为国人调查千佛洞者之第一次成绩。"[1] 顾颉刚在序中说："万里此行，摄影极多，大约有三百帧以上……只因受制于经济力，未能刊出……"陈万里自序写道："途中所摄影片，以制版费时，不克附印，另刊专集，请俟异日。"

根据我们的调查，目前可以认为陈万里在莫高窟的摄影是中国人第一次对莫高窟开展摄影记录。虽然他历经百日艰辛、跋涉几千里才抵达十数年梦寐不忘的莫高窟，却因为受华尔纳的牵连，只能在莫高窟考察 15 个小时，拍了区区 17 张照片，这对于陈万里个人来说是一件憾事，但也说明此时敦煌民众对西方人觊觎、偷窃莫高窟文物有了警觉和防范，对于莫高窟的保护事业是一大幸事！

1928 年 10 月，陈万里委托上海良友图书印刷公司出版《西陲壁画集》，其中收录了 17 张莫高窟和榆林窟的照片。由于借助了中国新闻出版史上第一本大型综合性时尚新闻画报《良友》，陈万里对敦煌莫高窟的宣传力、影响力在当时不可小觑。

1933 年，瑞典探险家斯文·赫定（Sven Hedin，1865—1952）被国民政府任命为铁道部"绥新公路查勘队"队长，考察修建一条横贯中国大陆的交通动脉的可行性。1934 年 11 月 5 日，他从安西来到了敦煌莫高窟："我来这里的原因部分是好奇，另外则是想

1. 陈万里：《西行日记》，甘肃人民出版社，2002。

左上：斯文·赫定在莫高窟第 427 窟，1934 年 11 月 6 日

右上：巴慎思于 1935 年 3 月拍摄的莫高窟第 412 窟，反映了当时的洞窟被凿出了连贯的穿洞

左下：巴慎思于 1935 年 3 月拍摄的莫高窟第 257 窟，洞窟壁画摇摇欲坠

右下：巴慎思于 1935 年 3 月拍摄的莫高窟第 61 窟，对比前人所拍的照片，这幅壁画出现了人为切割的伤痕

如果到了敦煌而不去千佛洞是多么荒唐，就如同到了阿格拉而不去泰姬陵一样。"

根据斯文·赫定的《亚洲腹地探险八年》（*History of the Expedition in Asia*）卷三记载，他于黄昏时分来到了莫高窟，看了一两个洞窟，第二天，他看了九层楼以北的 21 个洞窟。莫高窟令斯文·赫定很失望："没有我想象的那么精细和尊贵，有些呆板。"[1] 但能在坚硬的石壁上开凿如此多的洞窟，也给他留下了深刻的印象。在斯文·赫定基金会公布的斯文·赫定摄影档案中，他在莫高窟考察期间拍摄了 17 幅照片，多为莫高窟外观，其中尚未竣工的九层楼照片是九层楼的首次曝光。

1935 年 3 月，供职于英文《北平时事日报》的巴慎思（Desmond Parsons，1910—1937）因受斯坦因所写的《千佛：敦煌石窟寺的古代佛教壁画》（*The Thousand Buddhas——Ancient Buddhist Paintings from the Cave-Temples of Tun-Huang on the Western Frontier of China*）一书的影响而来到莫高窟，他在短时间内拍摄了莫高窟的 45 个洞窟，随后在英国《伦敦新闻画报》（*The Illustrated London News*）发表文章和照片介绍莫高窟，引起了很多人对莫高窟的关注。巴慎思在莫高窟拍摄了 115 幅照片，其中有 40 余幅照片的内容为首次拍摄。巴慎思的照片数量虽然不多，但反映了莫高窟在 20 世纪 30 年代的保存状况，也使得莫高窟的早期摄影史料时间序列完整。巴慎思的照片由他的后代捐给了伦敦大学亚非学院，现移交大英图书馆保存。

自 1935 年 4 月起，国民政府确定每年清明节为"民族扫墓节"，将公祭黄帝陵确定为国家制度。第一个民族扫墓节，国民政府派国民党中央执委邵元冲（1890—1936）代表国家到陕西祭奠黄帝。祭奠仪式后，邵元冲率众前往兰州考察，许师慎（1907—）作为摄影人员随行。1935 年 6 月 9 日、10 日两天，邵元冲一行参观了莫高窟。邵元冲在敦煌期间，"嘱随行人员于此二日内，分别摄影片，得六十余幅及电影片二百余尺"。1936 年 4 月，南京正中书局出版邵元冲的西北考察见闻《西北揽胜》，书中以 20 页篇幅收录了敦煌莫高窟的照片 44 幅，包括 20 个洞窟内的壁画和彩塑、洞窟外景、莫高窟碑及拓片。作者希望用精彩的照片唤起读者对西北"国故"与"文化"的兴趣，同时在书中针对外国人在敦煌莫高窟的挖掘偷窃行为呼吁道："甚望地方当局与海内热心人士，共策保存之术，庶使千年古迹，不致毁灭。"[2]《西北揽胜》是国民政府出版的第一部西北摄影集，但不是敦煌莫高窟专辑。

1942 年 6 月，国民政府教育部艺术文物考察团团长王子云（1897—1990）等一

1. 斯文·赫定：《亚洲腹地探险八年》，徐十周、王安洪、王安江译，新疆人民出版社，1992。
2. 邵元冲：《西北揽胜》，南京正中书局，1936。

行三人，肩负调查陕、甘、青文物古迹，保护中华民族历史文化遗产的使命抵达莫高窟，他们在条件极为艰苦的情况下，运用美术考古学的方法，开展了科学而严谨的考察和研究工作。

同年 8 月，开过照相馆的团员卢善群（1918—1992）来到莫高窟开始摄影工作。"因胶片昂贵，他（卢善群）使用一架老式的德国相机，常常要在千佛洞内往返数十趟揣摩寻找最佳视角。从角度、用光到定影、显像，每一环节都精益求精，一丝不苟。"[1] 卢善群在莫高窟拍摄了全景、外景、彩塑、壁画，他的摄影作品于 1942 年 12 月 25 日至 1943 年 1 月 10 日在重庆举办的第三届全国美展中展出，受到观众瞩目。国民政府教育部艺术文物考察团在敦煌莫高窟所拍摄的照片，有"千佛洞各洞照片共 120 张"[2]，但未公开出版。西北大学文化遗产学院资料室收藏有《教育部艺术文物考察团西北摄影集选》十辑，"每辑一册，每册约 50 页，每页上半部贴照片，下半部附说明。限于当时的条件，这些照片都是用 135 相机和标准镜头拍摄的，且放大尺幅有限，除极少数的几张，大部分照片均为 4 英寸 × 4 英寸的黑白照片，但内容却弥足珍贵。"[3]

其中，"第七辑为'敦煌千佛洞壁画集'，共 50 张照片，1 至 28 为北魏部分，29 至 50 为隋唐部分。第八辑为'敦煌及其他壁画集'，亦为 50 张无缺，其中 1 至 33 均为敦煌千佛洞中自唐至元的壁画，以唐壁画为主，以经变故事画为多；34 至 50 为安西万佛峡及其他各地壁画……"，"惟以限于洞窟环境，不便摄影，故仅能介绍可以摄出之一部分。"[4]

国民政府教育部艺术文物考察团 1942 年 6 月至 1943 年 5 月对敦煌石窟的考察，是敦煌学术研究，特别是美术研究史上的一件大事，当代美术学者评价它是"时间最早、规模最大、影响最为深远的专题艺术文物考察活动"[5]。考察团虽然在莫高窟的摄影成果不多，只给我们留下了 83 张照片，但以摹绘、测绘、摄影等方法复制了雕塑、壁画，即使原物被毁坏，仍然有复制的图形资料可供研究，说明当时的文物保护意识和政府的文化主权意识已经有了很大提升。

1942 年 6 月 15 日，由当时的中央研究院组织的西北史地考察团历史组成员劳榦（1907—2003）、石璋如（1902—2004）抵达敦煌。西北史地考察团在莫高窟的工作，是国民政府组织的对当地最早的考古调查工作，其主要任务是考察莫高窟及敦

1. 卢夏：《秋风古道题诗瘦——卢是与西北艺术文物考察团》，广东美术馆，西北艺术文物考察团六十周年纪念展，2005 年 12 月 10 日。
2. 王子云：《从长安到雅典》，岳麓书社，2005，第 44 页。
3. 李廷华：《王子云评传》，太白文艺出版社，2005。
4. 东平：《历史遗珍——〈教育部艺术文物考察团西北摄影集选 (1940—1944)〉的发现》，《文博》1992 年第 5 期，第 40—44 页。
5. 李廷华：《王子云评传》，太白文艺出版社，2005。

煌附近的古迹，工作内容包括测绘、摄影、收集洞窟内的残经断片。他们认为："至于伯希和之照像，所注重者似只是题记一项，并无任何道理，可补充者甚多。"[1]18日，劳榦、石璋如入住莫高窟中寺。21日，二人自张大千编号的第1窟开始，在洞窟内勘察、测量、照相。"照像部分则先将各洞周历数次，选其最要及次要者以记入小册，然后俟气候晴明之上午，再到各洞选照，并以伯希和未照者为原则。计照出者约四十余卷。"[2]

20世纪40年代，中国学术界在莫高窟的摄影工作，成果最优的当数石璋如先生，包括拍摄时间、配药及暗室冲洗条件等。他的记录也最为详细：

> 我们在四川李庄未出发之前，就知道洞中是黑暗的，若打算照像，就得特别想办法。千佛洞的大门都向东，早上太阳一出来便照在洞中，夏天的天气，由七点到十点是照像最好的时间，而八时左右是好中之尤好者。[3]

再如：

> 测量的过程同时也要照相。量了洞窟之后觉得哪些值得入镜，就要拍照。劳先生用的是长方相机，可照近照，我用的是方相机，适合照近、景点的特写，像雕塑等。另外顶上有些人像雕塑，因为很高，就得摆上桌子，桌上再摆两张凳子，人站上去拍摄，因为距离太近会模糊，所以要闭起眼睛照，若不小心摔下来的话就完了。我们吸取安阳的教训，照完相片立即冲洗。若是照坏了当场还可以补救。不过在千佛洞一带，因为河流流经盐滩，使水质呈碱性，不利相片冲洗。我们必须在夜晚十二点之后，天气凉爽，流经盐滩的河水尚未被日晒蒸发出盐分之前，取水储存水缸内。庙内的饮用水也是在夜晚取用，人若是饮用白天取的水则会腹泻。暗房是在炕的旁边，用棉被堵起缝隙，再将照相的红单子盖住顶上，权充克难暗房。洗好的相片也挂在那边晾干。夜里弄到很晚才休息，早上很早起来工作。劳先生最喜欢看相片，要是照得不错的话，就会连声称好，要是自己没有拍好，拍歪了，就会跺脚说"糟糕，拍坏了"，嚷着第二天要再拍一次。冲洗相片也就是有拍坏了立刻补救的用意在内。我们本来有三台相机，一个是长镜头，一个是近镜头，另一个是广角的，要用比九乘十二还要大的底片，这是预备摄入整个景

1. 车守同：《国立敦煌艺术研究所的时代背景与史事日志（下）》，华东师范大学2013年博士学位论文，未刊本，第86页。
2. 车守同：《国立敦煌艺术研究所的时代背景与史事日志（下）》，华东师范大学2013年博士学位论文，未刊本，第113页。
3. 石璋如：《敦煌千佛洞考古记·莫高窟形（二）》，台北，"中研院"史语所，1996。

上、下：国民政府教育部艺术文物考察团拍摄的石窟外景和壁画局部

上：西北史地考察团历史组劳榦拍摄的莫高窟第 46 窟，1942 年

下：西北史地考察团历史组石璋如拍摄的莫高窟第 207 窟，1942 年

上：从宕泉河东岸看莫高窟，李约瑟摄，1943 年 10 月

下：敦煌莫高窟外观，李约瑟摄，1943 年 10 月

点之用的，这种底片当时已经很久，在重庆找不到新的底片，结果因为底片已经过期了，用这种底片所拍摄的景点照片全都洗不出来。因为洗照片耗费的时间太多了，不能天天洗，我们就在照完相后次日冲洗所拍的底片。我们刷牙用的钢杯有刻度，可作量杯，随身带出来的都是可以多用途使用的。[1]

事实上，时值抗战，物资艰难，西北史地考察团在莫高窟的摄影数量相当有限，冲出底片检查后认为效果可以就保存起来，直到近年整理出版才放大成照片，故大部分照片已失去原有的品质，以致石璋如先生的《莫高窟形》收录的照片，看起来满布划痕和水渍，但难能可贵的是，这是中国考古学家镜头中莫高窟当年的真实面貌。自 1942 年 6 月 18 日至 9 月 21 日，石璋如、劳榦两位先生以考古工作者的专业眼光，拍摄了莫高窟的 311 个洞窟和天王堂，镜头所覆盖的洞窟远超伯希和与奥登堡。目前，台湾"中研院"史语所的考古资料数位典藏资料库，已发布两位先生在莫高窟拍摄的 441 幅照片[2]。

1943 年 2 月，受命于英国皇家学会的李约瑟（Joseph Needham，1900—1995）在重庆组建了"中英科学合作馆"，着手推行一个长期项目——调查中国的科学和技术对人类文化所做的贡献。9 月 30 日，李约瑟一行来到了敦煌莫高窟，10 月 30 日离开敦煌。在此期间，李约瑟共拍摄了 142 幅照片，其中包括莫高窟周边环境、舍利塔、洞窟群外观，以及洞窟内壁画和彩塑。

与前人在莫高窟的摄影相比，李约瑟的照片数量虽然不多，但他的镜头更关注莫高窟的环境，洞窟前的小溪、佛塔，都被他诗意的画面细心地记录下来，弥补了前人的一些不足。他所拍摄的山丹培黎学校校长路易·艾黎（Rewi Alley）、画家吴作人和莫高窟中寺的易昌恕喇嘛在莫高窟的照片更是独家资料。李约瑟在敦煌拍摄的照片，目前保存在英国剑桥大学的李约瑟研究所。

1942 年 9 月 18 日，国民政府教育部高等司聘高一涵（1885—1968）、常书鸿（1904—1994）等七人为国立敦煌艺术研究所筹备委员会委员，并指定高一涵为主任委员，常书鸿为副主任委员。艺术研究所成立之初，对莫高窟进行全面拍摄被列为主要的工作。常书鸿从重庆招聘了以美术工作者为主体的专业人员二十多人，其中包括专业摄影人员。

1943 年 6 月，应常书鸿聘请，时任中央通讯社摄影部主任罗寄梅（1902—

1. 陈存恭等：《石璋如先生口述历史》，九州出版社，2013，第 218 页。
2. 台湾"中研院"史语所考古资料数位典藏资料库，2016 年 8 月 2 日检索。

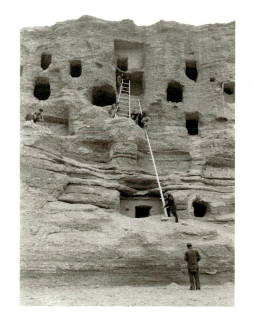

上：1943 年冬，国立敦煌艺术研究所的员工在破冰取水，罗寄梅摄

左下：莫高窟第 257 窟塑像，罗寄梅摄，1943 年

右下：工作人员架起梯子爬上洞窟，罗寄梅摄

1987）作为研究员到莫高窟工作。1943 年 7 月 8 日，国立敦煌艺术研究所筹委会向教育部呈送工作报告书，表示其目标之一为"开始摄影及制作"，报告中写道："洞窟壁画图案塑像，其外貌形势及内藏有供研究价值之材料均拟一一摄制照片，若干石窟以光线不足摄影为难，本会以经费之绌，又不能有特殊设备，现在采取罗研究员设计办法，利用日光反射原则摄制照片，其结果甚为圆满，现已摄制二百余幅，正在按照计划进行中……"[1]

报告书中的复制工作，也包括周详的摄影工作计划，首先是分别就石窟外景和石窟内容制订拍摄标准，从考古、保护、美术三大学科的研究需要出发，制订石窟内容拍摄标准，要求选择各种结构、各时代、各洞窟的代表作，对于历史研究具有重要意义的题记等，特别是首次提出有计划地拍摄洞窟内遭到人为或自然破坏的遗迹及现状，这一点有别于之前的所有拍摄者。同时，对于壁画制作技术方面的痕迹也要系统化地拍摄。

1944 年 6 月 9 日，罗寄梅夫妇离开敦煌返回重庆。在一年的时间里，罗寄梅拍摄了莫高窟的 327 个洞窟和外景[2]，获得黑白照片 2000 余幅，彩色照片 300 余幅，同时拍摄了电影纪录片。罗寄梅是所有早期莫高窟摄影者中拍摄数量最多的。作为中央通讯社的摄影部主任，罗寄梅的摄影造诣颇深，他所拍摄的莫高窟的摄影资料品质出色。返回重庆后，罗寄梅举办了"敦煌照片特展"，1948 年国立敦煌艺术研究所在南京及上海举办"敦煌艺展"，罗寄梅也协同展出了照片。1958 年，台湾历史博物馆搭建了一个敦煌莫高窟第 285 窟的复制洞窟，所绘制的壁画就是将罗寄梅的彩色反转片放大临摹的，当时只要是到台北的贵宾，都会去参观这个复制洞窟[3]。罗寄梅拍摄的敦煌石窟照片，现藏于美国普林斯顿大学唐氏研究中心，据统计，与莫高窟有关的有 2376 幅，包括莫高窟的 327 个洞窟及周边外景。

罗寄梅非常认真地拍摄了洞窟的细节，他的许多全景式照片弥补了伯希和、奥登堡等人摄影的不足之处，对石窟形制与壁画绘制技法的研究帮助很大。他还拍摄了很多彩塑和供养人题记，包括沥粉堆金的榜题、发愿文的细部，更是敦煌专题研究的宝贵资料。在中国改革开放之前的几十年里，罗寄梅拍摄的敦煌莫高窟资料，一直是国外学者研究敦煌最为重要的图像资料之一。

据了解，收藏罗寄梅敦煌石窟摄影档案的美国普林斯顿大学，已于 2021 年 6

1. 车守同：《国立敦煌艺术研究所的时代背景与史事日志（上）》，华东师范大学 2013 年博士学位论文，未刊本，第 274 页。
2. 赵声良：《罗寄梅拍摄敦煌石窟照片的意义》，《敦煌研究》2014 年第 3 期，第 79—91 页。
3. 车守同：《国立敦煌艺术研究所的时代背景与史事日志（上）》，华东师范大学 2013 年博士学位论文，未刊本，第 282 页。

上：约翰·文森特于 1948 年 11 月拍摄的莫高窟，照片反映出国立敦煌艺术研究所已经对洞窟做了基础加固

下：约翰·文森特于 1948 年 11 月拍摄的莫高窟第 427 窟一带的立面

上：约翰·文森特于 1948 年 11 月拍摄的国立敦煌艺术研究所史苇湘先生在第 285 窟工作的场景，此时的史先
　　生刚到莫高窟工作两个月

下：约翰·文森特于 1948 年 11 月拍摄的莫高窟第 249 窟窟顶壁画，这是目前所见到的莫高窟最早的彩色照片

月 1 日出版了 9 卷本的《视觉敦煌：莫高窟和榆林窟的罗氏档案照片》（*Visualizing Dunhuang: The Lo Archive Photographs of the Mogao and Yulin Caves*）。

1944 年 1 月 1 日，隶属于国民政府教育部的国立敦煌艺术研究所正式成立。1944 年 3 月，研究所向教育部呈报《申请研究千佛洞古迹准许证暂行办法》，申请对来莫高窟开展学术研究进行规范化管理，其中对摄影工作提出的要求是："摄影方面（内容包括壁画、题记、图案、雕塑、建筑以及千佛洞外表形式等），一个月纳费四百元，三个月纳费八百元，六个月纳费一千二百元，一年纳费二千元。凡经准许之摄影人员，需填具摄影工作日报表一份，存本所备查，在工作期间必须由本所派员监视其工作，结束后必须呈缴每种底片之样张各三张，一呈教育部，一送甘省府，一存本所。"[1] 同年 5 月，教育部批准实施该《办法》，莫高窟持续近 40 年的随意拍摄现象至此得以终结。

1948 年 9 月，30 岁的美国人艾琳·文森特（Irene Vongehr Vincent，1919—1997）如愿以偿抵达莫高窟。她曾于 1939 年在密歇根大学选修了三个月的中国古典艺术，其间得知了敦煌莫高窟，巴慎思的敦煌之行也给她留下了深刻的印象，于是她发誓一定要到敦煌莫高窟考察。文森特描述刚到莫高窟时的情景："常书鸿夫人接到洞窟工作人员的通知，拨出一天时间接待我。我们一起在中庭午餐，鸳鸟在艳丽的大丽菊和百草菊之间飞来飞去。"

文森特在敦煌莫高窟的 10 天里共拍摄了照片 168 幅，涉及 26 个洞窟的彩塑和壁画，还有莫高窟的外景。她所具有的中国古典艺术背景，以及对伯希和出版的《敦煌石窟》的细心研究，使她的镜头总是能捕捉到每个洞窟的精华。她的照片还反映了洞窟中主要内容的空间关系，以及努埃特鲜少顾及的洞窟窟顶。艾琳·文森特回到北京后，她的丈夫，毕业于哈佛大学的约翰·文森特（John Vincent）被妻子照片中的敦煌艺术所震撼，又买了一批昂贵的彩色胶卷，于当年 11 月抵达莫高窟进行拍摄。文森特先生在莫高窟拍摄了 164 幅彩色照片，内容涉及 49 个洞窟的彩塑和壁画，另外还有 10 幅外景和 2 幅国立敦煌艺术研究所员工史苇湘先生在第 285 窟工作的照片。

与之前来到莫高窟的其他西方人不同，文森特夫妇来莫高窟考察时，莫高窟已由国立敦煌艺术研究所进行管理。虽然我们还没有了解到文森特夫妇是否按照《申请研究千佛洞古迹准许证暂行办法》缴纳了摄影费用，但文森特夫人受到常书鸿夫人的接待，至少说明她在莫高窟的考察和拍摄得到了管理单位的许可，否则也不会有两个月后文森特先生的到来。

———————————

1. 车守同：《国立敦煌艺术研究所的时代背景与史事日志（下）》，华东师范大学 2013 年博士学位论文，未刊本，第 237 页。

1953 年，文森特太太以优美而专业的文字，配以她在莫高窟拍摄的 46 幅摄影作品，由赛珍珠（Pearl Buck）作序，在芝加哥大学出版了《神圣的绿洲：敦煌千佛洞》（*The Sacred Oasis: Caves of the Thousand Buddhas, Tun Huang*），她的著作成为 20 世纪 50 年代西方人了解敦煌艺术的重要参考[1]。约翰·文森特利用所拍摄的彩色照片，在 1959 年与大英博物馆东方部主任巴塞尔·格雷博士（Dr. Basil Gray）合作出版了《敦煌佛教石窟壁画》（*Buddhist Cave Paintings at Tun-Huang*），这部著作因研究东方绘画艺术和敦煌变文的学者亚瑟·威利（Arthur Waley）参与编辑并作序而变得更有价值。

约翰·文森特在去世前，把他们夫妇所拍摄的莫高窟的全部照片和底片捐赠给大英图书馆国际敦煌项目组。这样，所有热衷于莫高窟这一中国文化璀璨明珠的人，都可以利用他们在半个多世纪前拍摄的照片进行研究。

1907 年至 1949 年间，来自中国、英国、法国、日本、俄国、美国等不同国家的考察者，基于不同背景和目的，对莫高窟进行了拍摄，在客观上使身处边陲的莫高窟与世界连接。早期影像也为后人对莫高窟的营建史研究、石窟保护研究和敦煌研究院院史研究，保存了作为证据的视觉档案。

莫高窟经过 20 世纪 40 年代末、50 年代及 1962—1966 年的崖体加固工程，崖面的"时代区域"[2] 及窟前遗迹已经发生了巨大的变化，这些摄影资料无疑是研究石窟营建史的重要原始资料；无人管理时期的莫高窟，西方探险者们恣意妄为，被他们劫掠的壁画、彩塑，可以在这些照片中找到其原始位置；用来加固的混凝土挡墙已基本遮蔽了洞窟之间的空间结构关系，这些摄影资料为石窟保护提供了当时的原始面貌；自 1943 年国立敦煌艺术研究所筹建，常书鸿先生等莫高窟人就开始了清理积沙、修建围墙、架通洞窟间的栈道等工作，这些摄影资料也成为敦煌研究院院史中不可磨灭的视觉记忆。

在近半个世纪的时间里，各路考察者和摄影师接踵而至，斯坦因的严谨、努埃特的细腻、杜金的粗粝、李约瑟的诗意、石璋如的工巧、罗寄梅的收放自如……不同时代与地域的摄影美学特征，通过他们的照片一一展现。4 英寸 ×5 英寸、9 英寸 ×12 英寸、18 英寸 ×24 英寸、6 厘米 ×6 厘米等尺幅各异的胶片，也昭示着不同时期摄影技术的更替。

正因如此，1907—1949 年的莫高窟摄影史有了社会史的价值。

---

1. Irene Vongehr Vincent. The Sacred Oasis: Caves of the Thousand Buddhas, Tun Huang. Literary Licensing, LLC. 2011。

2. 马德：《敦煌莫高窟史研究》，甘肃教育出版社，1996。

上：敦煌三危山

下：敦煌莫高窟第 16 窟及藏经洞所在的位置

120年，从藏经洞现世到"数字敦煌"

周舒

时至今日，世人恐怕再难想见，敦煌莫高窟的藏经洞被打开的那一刻究竟是怎样的情形。

面对着道士王圆箓那张留存至今的照片——宽大的道袍裹着一副瘦小的身躯，干枯褶皱的脸上挂着朴实的笑容，人们也只能揣测：他在将那些珍贵的敦煌遗书卖给外国探险家们时，到底怀着怎样的心态？

据说，这位道号法真的出家人第一次登上三危山眺望敦煌千佛洞的时候，虔诚地发出了"西方极乐世界，其在斯乎"的惊叹。一如1500多年前，拄杖西游的乐傅和尚在茫茫的鸣沙山上望见了千佛显现的幻影。为此，法真道人王圆箓留在了敦煌，留在了莫高窟。他日夜清理着洞窟中的流沙，只盼着能早日将其中一处佛殿修缮成他的道场——太清宫。而1900年6月22日夏至这一天，王圆箓孜孜以求的功德终于得到了上天的回应。

当那座如今编号为第16号窟的洞中的流沙被清理殆尽时，窟壁因失去了积沙的壅护，发生了轻微的倾斜和开裂。一同打扫洞窟的贫士杨果无意中的一次轻击，竟使墙壁后回荡起空洞的声音。那天夜里，王圆箓和杨果敲碎了外层的墙壁，发现了一扇高不足容一人、完全被泥块封塞的小门。当这扇门被打开时，敦煌莫高窟藏经洞惊现人间。

然而，迎接这满窟经卷帛画的，却是个混乱的世界。

对于王圆箓来说，他希望用这些经卷换取功德钱的愿望是真诚的，可清廷官员对敦煌遗书的轻视和窃取，又给他带来了极大的困惑。王圆箓似乎知道这些经卷有一定的价值，但很显然，他也没能用它们换到期望中的功德钱。而这些，都为后来斯坦因、伯希和等外国探险家买走敦煌遗书埋下了伏笔。

1907年5月，英国人斯坦因走进了莫高窟。他用一套渴望追寻玄奘脚步的说辞以及将经卷完全用于考察研究的保证，打动了小心谨慎的王圆箓。最终，王圆箓以40锭马蹄银的价格，卖出了所有被斯坦因选中的经卷和帛画，那都是莫高窟的无价之宝。

一年后的 1908 年 3 月，法国人伯希和也成功地进入了被称为"至圣所"的莫高窟藏经洞，他带走了 7000 余件敦煌文献，以及 200 多幅唐代绘画、幡幢、织物、木制品等。

这些西方探险考察者对敦煌遗书的盗窃和掠夺固然令人心痛，但也惊醒了百年前的中国学界，国人关于历史学的概念从此发生了转变。自 20 世纪 20 年代起，越来越多的中国学者前往敦煌开展考察。在艰难的岁月里，这些前辈学者为敦煌莫高窟的保护做出了重要的贡献，而其中常书鸿先生的故事已经成为传奇。

1904 年出生于杭州西湖边的常书鸿自幼痴迷绘画。24 岁时，他远赴法国留学，先后进入里昂美术专科学校、巴黎国立高等美术学校深造。因为作品一再获奖，常书鸿逐步跻身知名美术家行列，当选为巴黎美术家协会会员，是首位进入该协会的中国艺术家。那时的他，可谓如鱼得水，他甚至在寓所里成立了"中国留法艺术家学会"，徐悲鸿和蒋碧薇也曾登门造访。

但这一切，都因为塞纳河畔旧书摊上的一部名为《敦煌石窟》的画册而改变了。

这部《敦煌石窟》正是伯希和回国后出版的关于敦煌石窟的图录。翻开图录的那一刻，一直为西方艺术所倾倒的常书鸿惊觉：中国竟有这样一座艺术的宝库，而自己对祖国如此灿烂悠久的文化竟然毫无所知！于是，常书鸿毅然放弃了法国优越的生活条件和工作环境，回到了战火纷飞的中国。

1942 年，几经波折，常书鸿终于走进了敦煌，走进了莫高窟。看着那些被流沙掩埋的洞窟，仰望着窟顶上斑驳的壁画，他的心被深深刺痛。虽然只能居住在空无一物的破旧寺庙里，虽然每日都是以面条拌盐果腹，可常书鸿守护莫高窟的心意从未消退。他一面开展对石窟建筑及文物古迹的调查，一面修筑土墙、清理沙土，他要保护这些沉睡于荒芜戈壁上的千年瑰宝，以免再遭掠夺和破坏。

1944 年 2 月，国立敦煌艺术研究所正式成立，常书鸿为第一任所长，此时，保护莫高窟的工作仍旧步履维艰。当时的国民政府教育部拨给敦煌艺术研究所的经费少得可怜，一年多后甚至撤销了研究所。莫高窟保护中所面临的种种困难和问题无法得到解决，许多工作人员都离开了，甚至连常书鸿二十年的发妻都弃他而去。满怀怆然的常书鸿，依然在艰苦与寂寞中守望着莫高窟，直到中华人民共和国成立。

1949 年底，中央人民政府文化部设立文物局，开始了对全国文物、博物馆、图书馆事业的指导管理。次年，第一部由国家制定的文物保护法规——《禁止珍贵文物图书出口暂行办法》正式颁布。由此，莫高窟的保护工作渐露曙光。

20世纪60年代初，在国家遭遇困难的情况下，周恩来总理亲自批示，拨发了100多万元用于莫高窟南区危崖和洞窟的抢险加固工程，使莫高窟摆脱了濒临崩塌的险境，当时的加固工程至今仍然发挥着保护作用。

改革开放后，莫高窟的保护工作进入了新的时期。尽管国家不断加大对敦煌石窟的保护力度，大幅增加经费投入，但自然侵蚀造成的壁画病害、岩体坍塌和迅速攀升的游客人数都给莫高窟及周边环境的保护带来严峻的挑战。

1984年，敦煌文物研究所扩建为敦煌研究院，不但增加了编制，汇聚了人才，更广泛开展国际合作，学习引进世界文化遗产保护的先进理念、先进技术和先进管理方式，初步建立了预防性保护科学技术体系。从那时起，莫高窟的文物保护从过去的抢救性保护转变为科学保护，往昔满目疮痍的面貌得到了巨大的改变。

20世纪80年代末，一次偶然的出差，让后来成为敦煌研究院第三任院长的樊锦诗先生找到了莫高窟保护工作的新方向。在接触到计算机数字化储存的概念后，樊锦诗"脑洞大开"，提出了"数字敦煌"的概念。

此后二十余年间，敦煌研究院通过国内外合作，探索文物数字化技术，自主制定了文物数字化保护的标准体系，建立了敦煌石窟数字化档案，使莫高窟的珍贵价值和历史信息得到永久保存和永续利用。

当初，常书鸿先生带领下属日夜工作，临摹、修复莫高窟壁画，搜集整理流散文物，举办各种展览、讲座，为的是让世人看到敦煌，看到莫高窟的美。如今，数字化技术不仅实现了全球在线共享30个洞窟的高清图像，让莫高窟真正地活了起来，更有效地解决了兼顾莫高窟文物保护与旅游开放的难题。

莫高窟的命运一直与国家的命运紧密相连。发端于汉代的丝绸之路，在一千年的繁荣兴盛中促进了古代东西方文明的交流，催生了敦煌莫高窟这座文化艺术宝库。随着历代王朝的兴衰更替，莫高窟曾在四五百年间处于无人管理、风沙侵袭、任人偷盗的境地。一百多年前，清政府的腐败无能、官员的守土失责、国民的愚昧无知，导致了莫高窟藏经洞文物遭人盗卖的劫难，造成了我国文物流失的悲剧和耻辱。

今天，强大的祖国成为我们坚强的后盾，一代代坚守大漠的莫高窟人，从筚路蓝缕到开拓创新，让在时光中模糊的莫高窟壁画华彩重现，彻底改变了"敦煌在中国，敦煌学在外国"的局面。

1994年，常书鸿先生逝世于北京。根据其遗嘱，他的一半骨灰被带回敦煌安葬。宕泉河畔那座面对着莫高窟九层楼的黑色花岗岩墓碑上，只镌刻着简简单单的七个

左上：1955年，敦煌文物研究所开展了大规模的壁画临摹工作。图为所长常书鸿正在临摹。茹遂初摄

右上：1966年5月12日，李云鹤在莫高窟第55窟修复菩萨塑像。祁铎摄

左下：1962年，关友惠、马世长、贺世哲在莫高窟第290窟内进行实测及记录工作

右下：1964年8月10日，莫高窟洞窟加固工程施工场景

字：常书鸿同志之墓。而在先生坟茔周围，还长眠着史苇湘、段文杰等二十多位将一生奉献给莫高窟的前辈学人。

陈寅恪先生曾说："敦煌者，吾国学术之伤心史也。"但得遇常书鸿这样的守护人，却不能不说是敦煌之大幸，中国艺术之大幸。七十余载的光阴，一代又一代莫高窟人薪火相传，树立了坚守大漠、甘于奉献、勇于担当、开拓进取的"莫高精神"。他们一生的追求是：守护敦煌，守护莫高窟，守护中华文明的宝藏。

莫高窟藏经洞被道士王圆箓打开的那一刻，作为20世纪显学之一的敦煌学就此开启。百余年间，莫高窟经历了巨大而深刻的变化。如今，当回溯这段历史，试图探寻莫高窟的过去与未来时，我们又该以何种方式，重新打开那扇"门"呢？

努埃特拍摄的敦煌莫高窟第 146 窟东壁南侧。他在拍摄壁画时，非常注重对壁面空间关系的反映和呈现

莫高窟摄影师的"西游记"

孙志军

1984 年 9 月，我考进了敦煌文物研究所。报到当天，我被分配到了资料室摄影组学习摄影。从那时到现在，我一直在敦煌莫高窟从事文物摄影工作，现在回想起来，这是多么地幸运。

说起来，我拍照片尤其是文物题材照片的时间算是比较长的了，但坦率地说，直到 2000 年，我才开始逐渐领会到文物摄影的真谛。在此之前的十多年，我只是专注于摄影技术的精进，缺乏对艺术的思考。

2000 年，我参加了樊锦诗、王旭东主持的国家文物局研究项目"敦煌莫高窟及周边地区环境演化科普教育"，任务是用摄影图片反映敦煌和莫高窟千百年来的变化，这给了我极大的专业挑战——反映"演化"的要求使得我的摄影由二维平面视角转向了多维立体视角，包括史料的辑录、第一手资料的查证、摄影技术的运用和画面语言的选择……四年后，研究项目顺利完成，在汇报展览中，既有蜿蜒于戈壁中的丝路古道的照片，又有古代敦煌的"四至八到"（中国古代用来指土地界域，表示四面八方所到之处和通往的道路）说明；有河流、泉水的源头，也有水源盈亏的史料。我对摄影本身也有了新的思考——我的照片要能够讲故事，要有明确的主题，有一些纪实摄影（我更愿意将其称为考古摄影）的味道，能够传达丰富的信息。我逐渐发现，自己喜欢温和的、意味绵长的、有历史韵味的照片。

多年来我还有一个爱好——收集与敦煌莫高窟有关的物件。由于职业的关系，我尤其痴迷与影像相关的东西，敦煌研究院早期的摄影档案卡片、底片袋、修相台等，我都收藏，不过最关注的还是敦煌和莫高窟的历史照片。我很早就有意识地收集敦煌和莫高窟的历史影像，在二三十年前，莫高窟历史照片的刊布还非常有限，我每看到一张没见过的老照片，就赶紧翻拍下来。那时候，出版物里的照片素质大多较差，有些被反复翻拍的照片基本上看不到细节，比如斯坦因拍摄的藏经洞外观那张。近十几年来，随着互联网、移动互联网和数字影像技术的发展，收藏于世界各地的敦煌及莫高窟的摄影档案被越来越多地公布出来，特别是国际敦煌项目上线后，一些极具价值的敦煌莫高窟的图像如同涓涓细流，在互联网上不断出现。

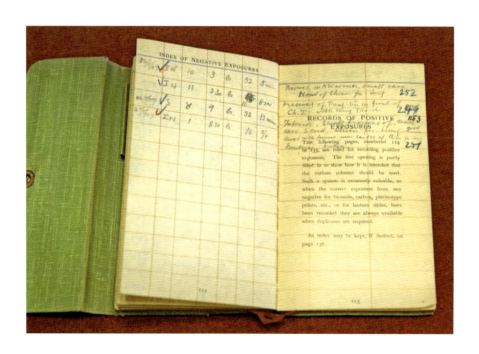

上：华尔纳拍摄的莫高窟和榆林窟的档案现在都保存在美国哈佛大学艺术图书馆

下：斯坦因将他的部分中亚和中国西部地区的考察档案捐赠给匈牙利科学院图书馆。这是他在莫高窟的洞窟里第一次拍摄照片
　　的记录，内容包括拍摄时间、光照、光圈、曝光时间等技术参数

就这样，经过十多年的时间，我逐渐收集了斯坦因、伯希和、吉川小一郎、奥登堡、华尔纳、陈万里、斯文·赫定、巴慎思、石璋如、罗寄梅、李约瑟、艾琳·文森特和约翰·文森特等人拍摄的敦煌和莫高窟的照片数千张。

随着我的摄影藏品的不断充实，我开始有条件系统地研究 20 世纪前期由斯坦因、努埃特、杜金、罗寄梅等人拍摄的莫高窟。这些时间跨度近半个世纪的照片，让我直观地了解到当时敦煌和莫高窟的面貌——那时的莫高窟一片荒芜破败，崖体坍塌，栈道毁坏，洞窟敞开，地上散落着壁画残片，甚至有许多洞窟被流沙淹埋，一些洞窟里砌起了灶台，盘起了火炕，成了人们的栖身之所，历经一千多年的神圣殿堂遭到了自然的侵蚀和人为的破坏。

这些照片也使我对石窟的摄影表现有了新的认识，比如斯坦因在遗址场景中安排人物作为比例参照，努埃特对壁面的空间关系处理，罗寄梅富有文人意趣的洞窟空间营造……

研读历史照片这个有趣的爱好，大大拓宽了我的研究视野。随着对敦煌和莫高窟的认识逐渐深入，这些照片在我的脑海中逐渐拼凑聚会，还原出了一个原生态的、有别于当下的敦煌莫高窟。它既是时间的不断累加和演变，也是空间的不断变化更迭，它就像今天流行的 AR（增强现实）、VR（虚拟现实）图像，在我的脑海里不断闪现。在这样的学习中，我想到了用"重摄"的方法来表现莫高窟"彼时与此时"的变迁，为敦煌石窟的历史、文化、保护研究追溯直观的历史信息。

我仔细分析并多次模拟斯坦因、努埃特等人拍摄的莫高窟的季节、时间、角度、摄影镜头视角、底片画幅比例等拍摄因素，在最近的十多年间，按照他们的拍摄角度对莫高窟的外观和洞窟内景进行了重摄。结果表明，在一个世纪的时间里，莫高窟发生了较大的变化，损毁、营建、保护、修复在循环往复地发生。其中最典型的例子就是通过哈佛艺术博物馆中国考察队和斯文·赫定的照片，我们可以直观地了解莫高窟北大像从曾经的无遮无盖到九层楼的落成，时间跨度上也印证了《重修千佛洞九层楼碑记》中关于修建九层楼的记载。

随着对莫高窟摄影史研究的深入，我也希望能够看到当年在敦煌莫高窟拍摄的原作，比如斯坦因等人拍摄的照片、底片，还有当年的摄影笔记。敦煌研究院近年的工作日益国际化，使我有机会前往大英图书馆、匈牙利科学院图书馆、哈佛大学艺术图书馆等机构，考察了它们收藏的斯坦因、华尔纳在敦煌和莫高窟拍摄的照片和底片。瑞典斯文·赫定基金会、日本龙谷大学也慷慨地将斯文·赫定、吉川小一

美国哈佛艺术博物馆中国考察队于 1925 年拍摄的敦煌莫高窟北大佛（今第 96 窟），哈佛艺术博物馆赠

斯文·赫定于 1934 年 11 月 6 日拍摄的尚未竣工的莫高窟九层楼。这张照片很有可能是九层楼的第一张照片

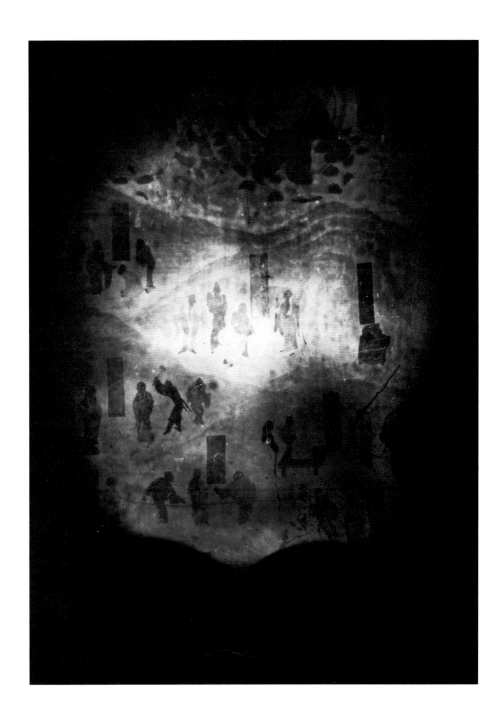

莫高窟第 323 窟东壁的壁画。努埃特在莫高窟的洞窟里拍摄时，曾采用将太阳光折射进洞窟为拍摄创造照明条件的方法

左上：本书作者孙志军在大英图书馆国际敦煌项目办公室察看斯坦因的摄影档案。樊雪崧摄

右上：巴基斯坦北部的吉尔吉特 – 伯尔蒂斯坦地区有数万幅岩画，在这块巨石上刻有近百座佛塔，它们是往来的商旅和朝圣者留下的。
孙志军摄

左下：阿富汗巴米扬石窟第 167 窟被认为具有罗马式建筑风格。孙志军摄

右下：位于印度马哈拉施特拉邦的卡拉石窟（Karla Caves）第 8 窟开凿于公元 120 年，是支提式洞窟建筑艺术的巅峰。孙志军摄

郎所拍摄的莫高窟照片的数字化副本赠予了我。

通过对原作的研究，长期困扰我的一些技术问题得到了解释，比如：确定斯坦因拍摄的藏经洞外摆放着经卷的那张照片，是因拍摄失误而不得不补画经卷；看到努埃特采用反射光拍摄的原片中飘散着斑驳的光影，终于明白这是因为没有长亮光源的照明；伯希和出版的《敦煌石窟》中的照片相当精致的原因所在……

身处丝绸之路要冲的敦煌，以阳关、玉门关控制东西来往的商旅，而丝绸之路是三条道路"总辖敦煌"，然后经"西域门户"伊吾、高昌、鄯善，到达中亚和欧洲，这清楚地说明了敦煌在中西交通中的重要地位和枢纽作用。正如季羡林先生所说："世界上历史悠久、地域广阔、自成体系、影响深远的文化体系只有四个：中国、印度、希腊、伊斯兰，再没有第五个；而这四个文化体系汇流的地方只有一个，这就是中国的敦煌和新疆地区，再没有第二个。"

为了解丝绸之路上不同文明的交流与融合，近几年我多次参加了敦煌研究院组织的考察团，前往塔吉克斯坦、阿富汗、巴基斯坦、印度、伊朗等国考察古代文明的遗址，特别是与佛教传播有关的遗址。通过实地考察，我们清晰地感受到了不同文明对佛教石窟内部空间营造的影响：胡貌梵相的佛陀随着丝路的延伸而逐渐中国化，佛塔由简练的覆钵演变成繁复的密檐式中国塔，套斗藻井从阿富汗巴米扬经新疆传到了敦煌……

通过对历史照片的研究分析，以及对中亚、西亚古代文化遗址的考察，我现在拍照片时思考的问题更多，面对一个洞窟或一处遗址，更加注重去发现它所隐含的文化多样性。我追求在现时观照"彼时"，感谢摄影带给我的享受。

彼时与此时：
新旧影像"重摄"展现 [1]

刘睿　安洋

公元 366 年，乐僔开始开凿莫高窟的第一个洞窟。此后的 1500 多年里，莫高窟身处东西方文明的交汇之地，融合了不同民族和宗教信仰，经历了跌宕起伏的发展历程，直至几乎被世人所遗忘。从 1900 年 6 月藏经洞被发现到今天的 120 多年间，敦煌学逐渐兴起，莫高窟从默默无闻到成为世界文化遗产，经历了巨大的变化，其中既有风、霜、雨、雪、沙等自然力量的侵蚀，也有社会动荡、战争破坏等人为因素的影响。可以说这一个多世纪，浓缩了莫高窟所经历的漫长岁月。以"重摄"的手法展示跨越世纪的影像对比，我们可以看到那些幸存的、逝去的、被破坏的遗迹，可以看到莫高窟生命脉搏的跳动，甚至听到它的呼吸。这些珍贵影像带给人们的既是问题也是答案——我们要尽可能保护它、延续它的生命，把它留给子孙后代。

---

1. 本章节中的历史照片（或黑白照片）全部为伯希和带领的法国西域考古探险团于 1908 年拍摄。

早期石窟——十六国、北朝

汉晋以降，北方丝绸之路成为华戎交汇、东西互通的大动脉。地处河西走廊最西端的敦煌，是总缩丝路的要冲，因往来贸易而成为聚宝盆。在富足的经济底色下，经西域传入的佛教昌盛一时，与中原学术、江左风尚齐聚敦煌。在中西文化交流的驱动下，工程浩大、美轮美奂的敦煌莫高窟应运而生。

敦煌早期石窟通常指十六国、北魏、西魏、北周近二百年间所造洞窟。这批石窟，虽然至今仅存三十余个，却清晰地勾勒出外来佛教的中国化之路。

敦煌画风的横空出世，离不开历史的「因缘」。北朝禅风盛，动荡也多，中原政权更迭之际，元荣、于义等多位地方长官仍能维持敦煌的繁荣。敦煌石窟从借鉴外来之风到立足本土，为后世奠定了多种建筑形制——禅窟、中心柱窟、覆斗顶窟等；汉画之风融合外来艺术风格，缔造出长卷式故事画、秀骨清像式人物画；东西方佛道神怪同窟共画，济济一堂……

敦煌莫高窟第 257 窟，西壁南侧。北魏所绘壁画画面分为三层，上部千佛
光光相接，色泽明丽；中部以横卷式构图绘鹿王本生故事，即著名的九色
鹿拯救溺水人的故事；下部绘姿态各异的夜叉形象。这是敦煌早期洞窟壁
画内容布局的经典样式

敦煌莫高窟第 260 窟，中心柱南向面下层。北魏开凿此窟，南向面双树圆
券龛内塑释迦禅定像，龛外塑胁侍菩萨。柱壁上贴满影塑供养菩萨，即模
造的小型彩绘塑像。对比 1908 年照片，胁侍菩萨上方的影塑供养菩萨缺失
三身

敦煌莫高窟第 260 窟，中心柱东向面和南向面。北魏开东向面圆券龛内，塑倚坐
说法佛一身，龛壁画化佛火焰佛光、供养菩萨与飞天，龛外两侧各塑一菩萨。南
向面可见上层龛内交脚菩萨和龛外胁侍菩萨、供养菩萨等。与 1908 年照片相比，
东向面倚坐佛缺失了手部，中心柱上的影塑供养菩萨缺失七身

敦煌莫高窟第 263 窟，窟内东南角。画面右侧——南壁左半部为北魏画千佛，右
半部为西夏画千佛，今图可见 1943 年剥出的一铺北魏降魔变；画面左侧——东壁
上部残存北魏画千佛，下部为北魏供养比丘，底部五代供养人像今无存，部分藏
于俄罗斯艾尔米塔什博物馆；矮墙为西夏所修内壁，画净土变

敦煌莫高窟第 285 窟。北壁禅室之间部分。在窟内开凿有僧禅室用于坐禅修行的
洞窟，被称为禅窟。这座西魏禅窟因有壁画和佛龛塑像，也兼作礼拜窟。
小禅室间的墙壁上绘制了佛与菩萨等内容，保存情况较好。此窟为西魏时
期最为重要的石窟

敦煌莫高窟第 285 窟窟顶。窟顶为覆斗式，中心绘有斗四莲花，三角垂幔
铺于四披，角坠饕餮衔珠流苏。窟顶还遍绘中国传统神话诸神与佛教护法
神形象，西披画雷神、飞廉、化生、飞天、猕猴等，绕边沿一周为坐禅僧
形象，在山林间结草庐，入禅定

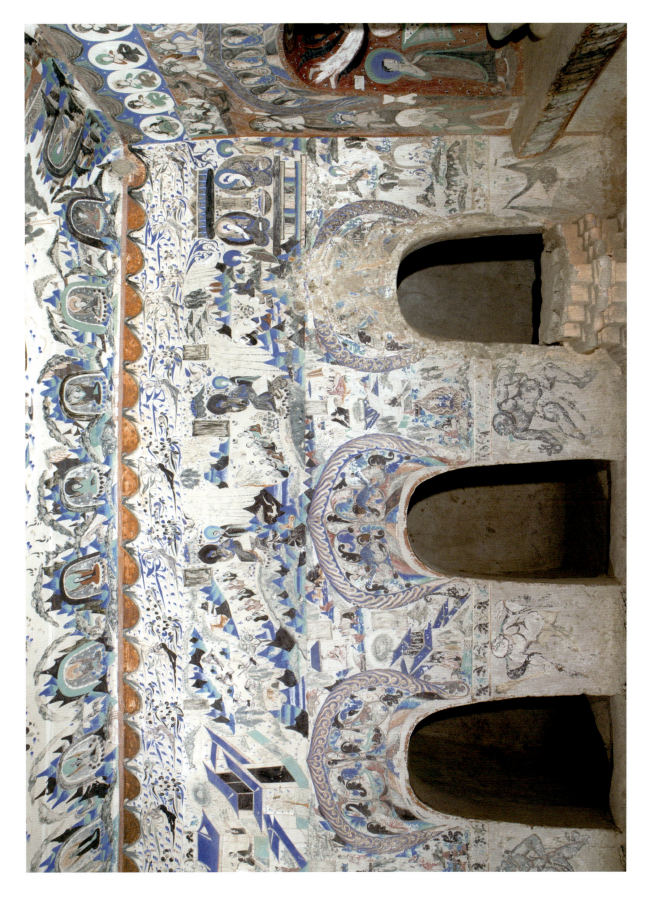

敦煌莫高窟第 285 窟，南壁西侧。上部为西魏画伎乐天，中部为得眼林故事，
也称五百强盗佛成佛因缘，以及释迦、多宝佛一铺，下部可见禅室三个，各
画忍冬禽鸟龛楣。在 1908 年的照片中，西端禅室龛楣图案依稀可辨，并饰
有塔塑。此外，当年洞窟中央有佛坛，现已缺失

敦煌莫高窟第 285 窟，南壁西端。释迦、多宝并坐像的细节清晰可见。须弥宝座上，二佛结跏趺坐，中间以大莲花花作为分隔。头顶上方华盖两侧，各有一身裸体童子飞天，二佛外侧为胁侍弟子。图中另可见得眼林故事的部分画面

敦煌莫高窟第 285 窟，正壁（西壁）南端。画面突出拍摄了西壁南小龛外
南侧的尼乾子，并可见龛内禅僧塑像、壁画局部。面龛侧立的尼乾子，为
一身体枯瘦的白发老翁形象。对比 1908 年的照片，可见此窟保存与整理修
复的情况

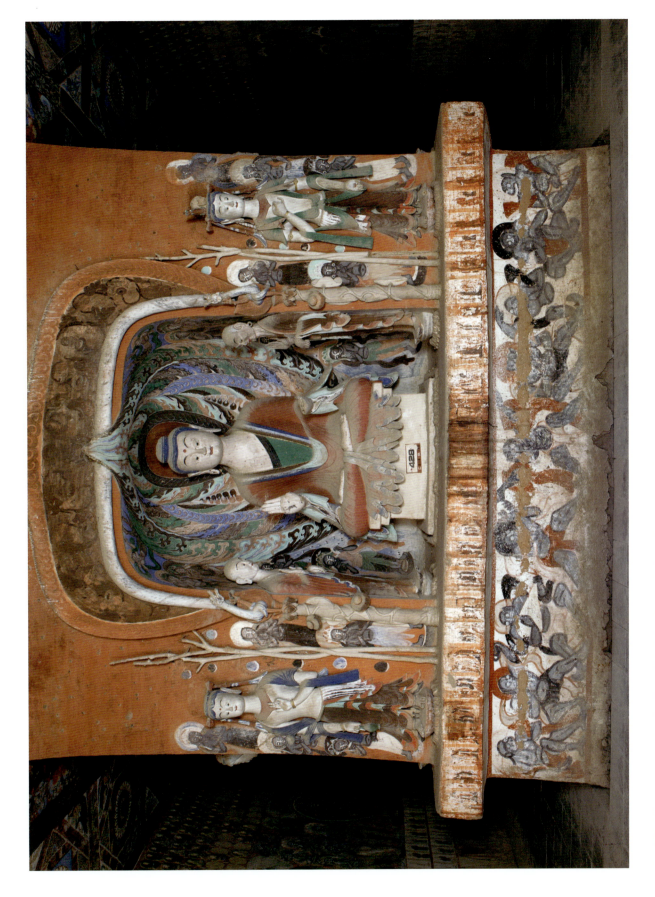

敦煌莫高窟第 428 窟，中心柱东向面。北周时期开凿的这座平面方形中心柱窟，中心柱的四面单层开龛。东向面龛内均塑坐佛，龛内另塑二弟子，龛外两侧塑二菩萨，共同构成北周时期一铺五身的经典组合，塑像呈现头部放大、面短而艳等特征，是北周彩塑艺术的代表作。相比于1908 年照片，中心柱塑像保存较好。在老照片中，可看到佛龛受到香火供奉的样子

77

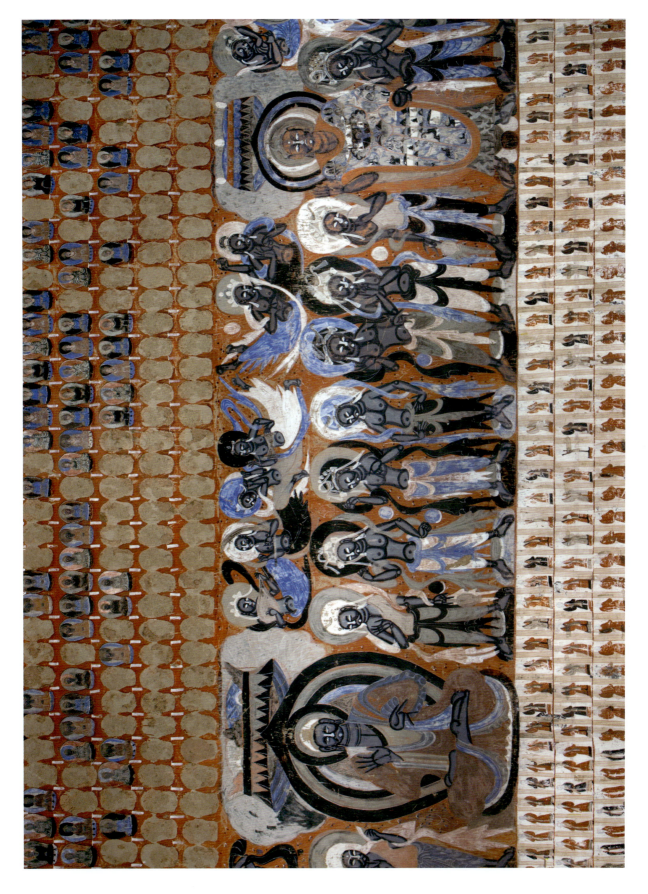

敦煌莫高窟第 428 窟，南壁。可见北周影塑千佛，趺坐佛说法图，以及卢舍那佛一身，下方画供养人像。上层五排千佛塑像，先由泥范翻制，再贴于壁上，凸显"佛佛相次，光光相接"的效果。画面左侧趺坐佛，人菩萨分两侧侍立；右侧卢舍那佛两旁侧为六菩萨。对比 1908 年图片，可以看到上层影塑千佛部分损毁

盛期石窟——隋至盛唐

南北朝乱世尘埃落定，数百年的分裂局面终结于隋朝，但是南北朝的崇佛之风依旧延续下来，莫高窟的营建在盛世图景与帝王弘法的风气中迎来一个重要时期。隋朝短短三十七年，留下了七十多个石窟，意义非凡——在官府倡导下，译经运动如火如荼；石窟形制、壁画、塑像屡见新意，敦煌工匠、艺术家们为其注入了许多可能性与创造性，活力四现：塑像迅速本土化，富有人文余韵；壁画飞天空前增多，降落人间……

这种风采延续至初唐，愈发生动、洋溢着人情味。随着唐王朝统治新疆全境及中亚部分地区，丝绸之路臻至全盛，首都长安成为万方辐辏之地。公元705年，大唐国祚重回李氏，敦煌的盛唐时代——也是文化上最有成就的时期，随之开启。这是一个充满热情的时代，八十余座盛唐窟，四百壁粉墨丹青，占了莫高窟壁画总数的六分之二，至今金碧辉煌，动人心弦。

在数百年的东西交流中，中原风貌西传，西域佛教东来，敦煌位居交通要地，得享最新的文化信息，敦煌石窟也因之飞速发展，宏大洞窟频开，彩塑、壁画艺术日趋成熟，俨然成为一条独特的画廊，花团锦簇，秾丽丰富，成为繁华世俗的真实写照。

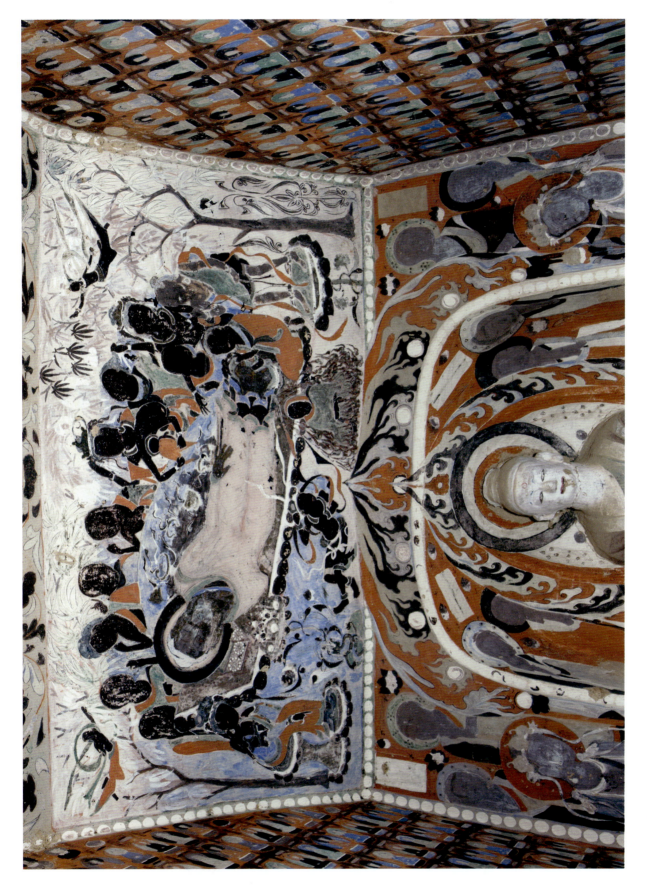

83

敦煌莫高窟第 295 窟，窟顶西披。上部为隋代绘单幅多情节形式的涅槃经变一铺，系释迦牟尼涅槃寂灭、十方诸佛、亿万菩萨、僧俗弟子举哀的场景。脊枋画莲花宝珠，其下为圆券龛，内塑一佛二弟子像，系清代重修。左右两壁画千佛像。与 1908 年的照片相比，并无太大变化

敦煌莫高窟第 302 窟。窟顶西坡。从门口甬道仰视顶部西坡。画面中前景部分为甬道盝形顶，
画末代千手千眼观音变；后景为窟顶的人字坡顶西坡，分为两段：上段画萨埵太子本生（佛
陀前生之一为太子，舍身饲虎）。下段画福田经变（福德之田，供养以获福报）。其后部平顶
为隋代画说法图、平棋图案等。相较于 1908 年照片，说法图部分有较大残缺

敦煌莫高窟第 302 窟，中心柱。画面正中系主室中心塔柱，作须弥山状，上部为
圆形七级倒塔，最下一层塑仰莲、四龙；下部两层为方形台座，四面各开一龛，
画面中为东向面，内塑一佛二菩萨，浮塑彩绘化生龛楣、龙首龛梁、莲花龛柱。
主室四壁画千佛、天宫伎乐等。龛内及两侧塑像系 1908 年后重塑

敦煌莫高窟第 427 窟，前室西南角。西壁为隋塑金刚力士一身（右侧），
南壁为隋塑天王两身（左侧），均为宋代重妆。后面墙壁上，描绘宋代神将、
菩萨、供养人等图案。塑像上方为宋修木构窟檐，画花鸟等图案。与 1908
年的照片相比，金刚力士左手略有残缺

89

敦煌莫高窟第 71 窟，主室北壁。初唐画阿弥陀经变局部：两尊供养菩萨，
侍奉在主尊面前。左侧菩萨头戴花冠，配饰臂钏，手镯等，左手支颐，作
深思熟虑之状，眉目传神，活灵活现。对比 1908 年照片，菩萨下半身及下
方的卷草纹边饰，缺损严重

敦煌莫高窟第 203 窟，主室西壁。初唐洞窟，西壁圆券龛内初唐塑立佛倚山像一身、
菩萨二身，龛外台上宋补塑力士二身。龛壁浮塑山峦，上画四飞天，佛光为宋代
重新涂色。龛外北侧初唐画维摩诘经变之文殊师利像，中观音一身，下画比丘、
供养人。与 1908 年照片对比，力士右手、二菩萨手臂及手掌有部分缺损和变形

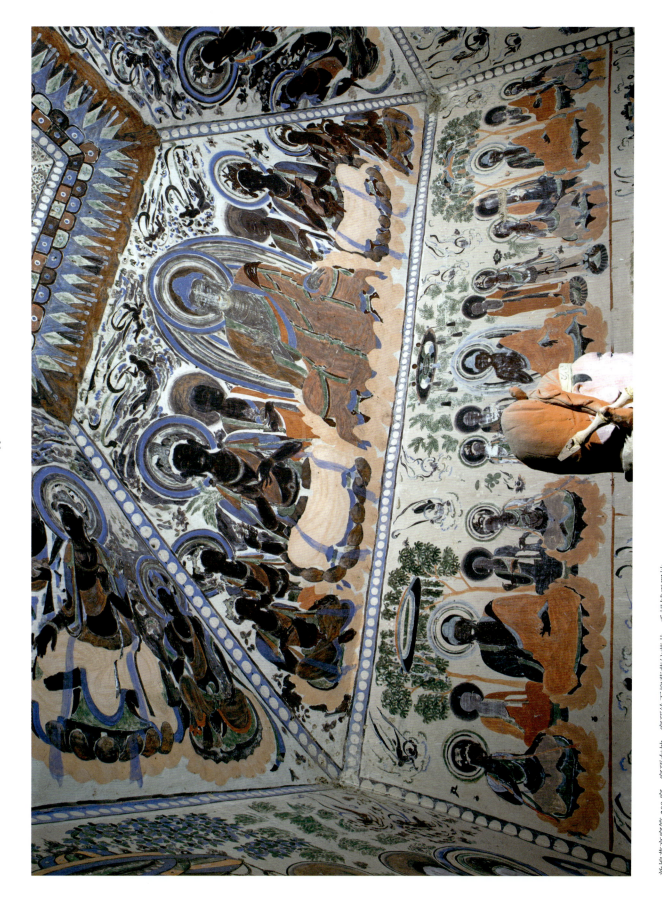

敦煌莫高窟第 209 窟，窟顶东坡。窟顶绘石榴葡萄纹藻井，垂幔铺于四坡。
画面上部系窟顶东坡，初唐画说法图一铺。下部为主室东壁上方，亦绘说
法图三铺。与 1908 年照片所不同的是，画面中出现了一身彩塑，系 1908 年
之后添塑

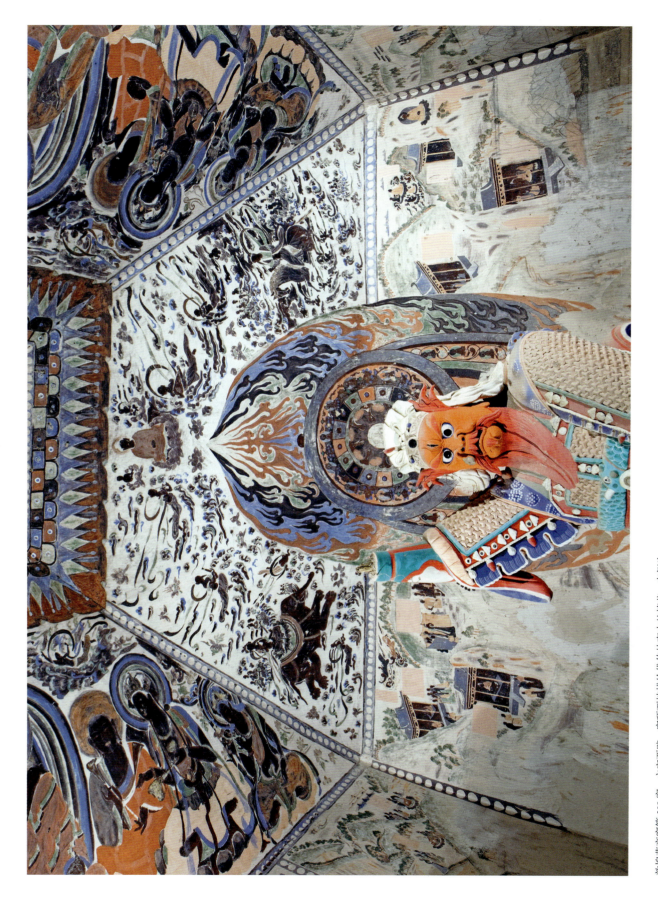

敦煌莫高窟第 209 窟，主室西壁。窟顶西披描绘佛传故事中的情节，南侧为乘象人胎故事，北侧为夜半逾城故事，其上半画有伎乐飞天等，线条飞扬舞动，与色彩相融合。下部西壁绘故事画一幅。1908 年后，洞窟中央佛坛上增塑灵官塑像一身

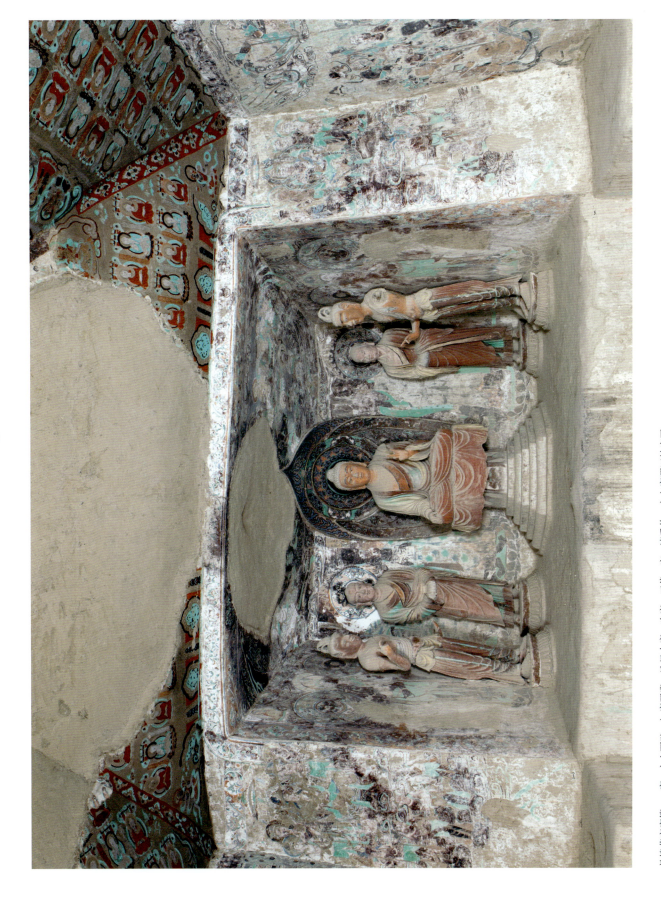

敦煌莫高窟第220窟，主室西壁，初唐开凿，造经中唐、晚唐、五代、宋、清重修。主室窟顶四披为未画千佛，残缺处底层露出了初唐画千佛等图案。西壁平顶敞口龛内盒口龛塑一佛，二弟子，二菩萨都经清代重修。与1908年照片相比，北侧菩萨左臂缺失。南侧菩萨左手姿势亦不同，且主室北壁图案亦有不同，这是因为此窟在宋代被重绘壁画，1944年，敦煌艺术研究所所剥去四壁上层壁画，初唐艺术杰作赫然重现

敦煌莫高窟第 321 窟，主室北壁。初唐画阿弥陀经变，描绘西方净土庄严、美妙、祥和的景象。最下方为五代画供养人像，已模糊不清。左下角台座上的神兽塑像，在 1914 年遭俄国新疆考察队盗劫，现存塑像为此后重塑，已异于原貌

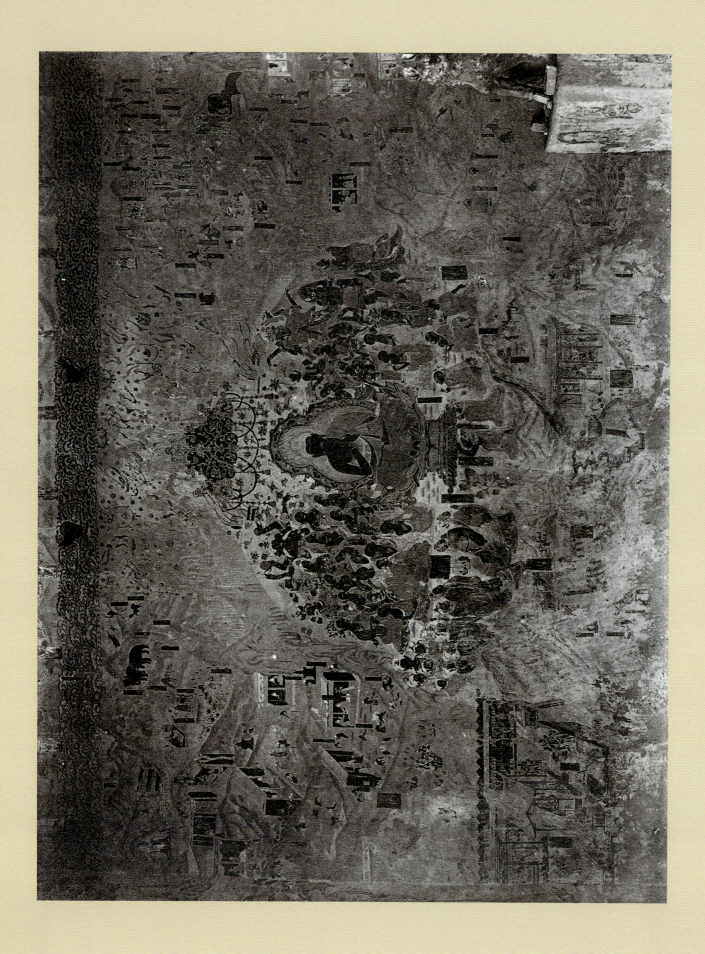

敦煌莫高窟第 321 窟，主室南壁。初唐画十轮经变，中央主体为地藏菩萨说法，周围描绘地藏菩萨救苦教难，变化身等场景。画面中间偏左部分残损，系 1924 年美国人华尔纳窃取所致。右下角的神兽塑像，亦在 1914 年遭俄国新疆考察队盗劫，现存塑像为此后重塑，已异于原貌。

敦煌莫高窟第 322 窟，主室西壁，双层方口龛内初唐塑趺坐佛、二弟子、二菩萨、二天王。
内层龛顶部画飞天十身，佛光两侧画弟子。外层龛顶部画一佛、二弟子、二人非人，龛南壁
画夜半逾城、化生故事，北壁画乘象入胎。龛外南侧画维摩诘经变中的维摩诘形象，北侧画
文殊形象，下面各画供养菩萨一身。与 1908 年对比，塑像的手臂等部位多有缺损

敦煌莫高窟第 431 窟，主室南壁局部。北魏开窟，初唐、宋重修。图中上部北魏画天宫
伎乐；中部初唐画观无量寿经变 "九品往生"，自右向左分别是上品上生、上品中生、
上品下生，描绘佛与弟子乘云飞来、善男信女下跪礼拜及往生极乐世界等画面；下部为
初唐画女供养人等。1908 年后，这一位置的壁画有较大面积损毁

敦煌莫高窟第 323 窟，主室东壁北侧。上部为五代画不动佛；中部为初唐
画佛教戒律画，以组图形式表现僧人守戒所发誓愿，其中部分被美国人华
尔纳于 1924 年盗劫，现存美国哈佛艺术博物馆；下部为西夏画结跏趺坐佛
三身

敦煌莫高窟第 323 窟，主室东壁南侧。上部为五代画不动佛；中部为初唐画
佛教戒律画，以组图形式表现僧人守戒所发誓愿，如不以破戒之身接受他人
华丽衣物、食物、女色、医药等的供养；下部为西夏画结跏趺坐佛四身

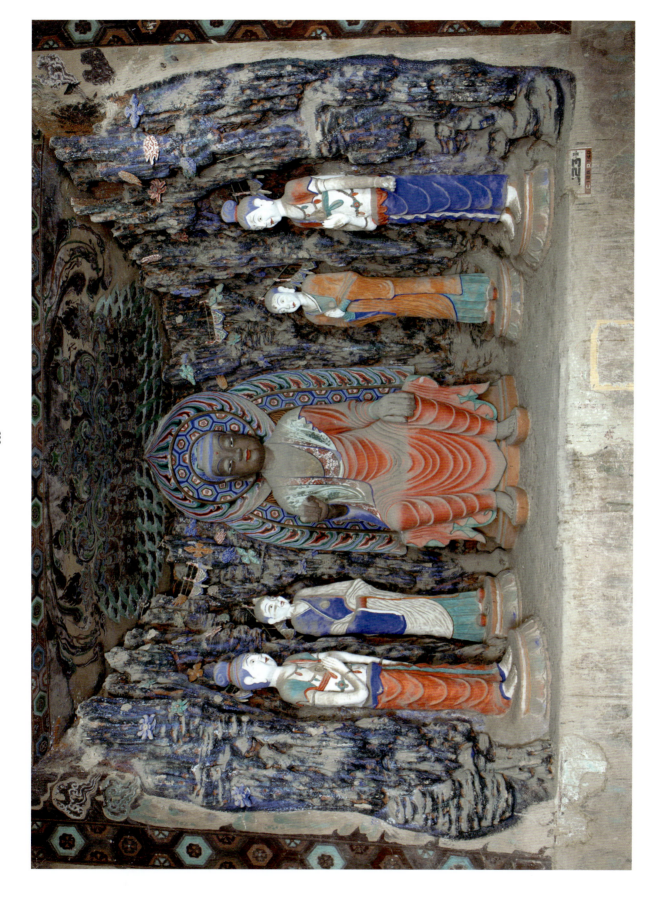

敦煌莫高窟第 323 窟，西壁敞口龛内，初唐塑一佛二弟子二菩萨。平顶敞口龛。龛顶敞口龛。龛壁初唐浮塑山峦，龛外南北两侧画圭纹边饰。共五身，龛顶画菩提宝盖，龛壁初唐浮塑山峦，龛外南北两侧画圭纹边饰。塑像皆是清代重修重妆。与 1908 年照片相比，弟子、菩萨像胸前略有残损。

117

敦煌莫高窟第323窟，主室南壁。最上部画千佛；中间初唐画佛教史迹画，从左到右分别是：隋文帝迎昙延法师入朝，东晋杨都出金像（大部分于1924年被美国人华尔纳盗劫破坏），西晋吴淞江石佛浮江等；下部画菩萨七身

敦煌莫高窟第 329 窟，主室北壁。初唐绘弥勒经变一铺，分两部分，上部
中间为弥勒菩萨在兜率天宫说法场景，其余为弥勒降世后的龙华三会场景；
最下为五代画供养人像十七身。1924 年美国人华尔纳粘取两身供养菩萨像，
致使壁画部分残缺，其中一身现藏于美国哈佛艺术博物馆

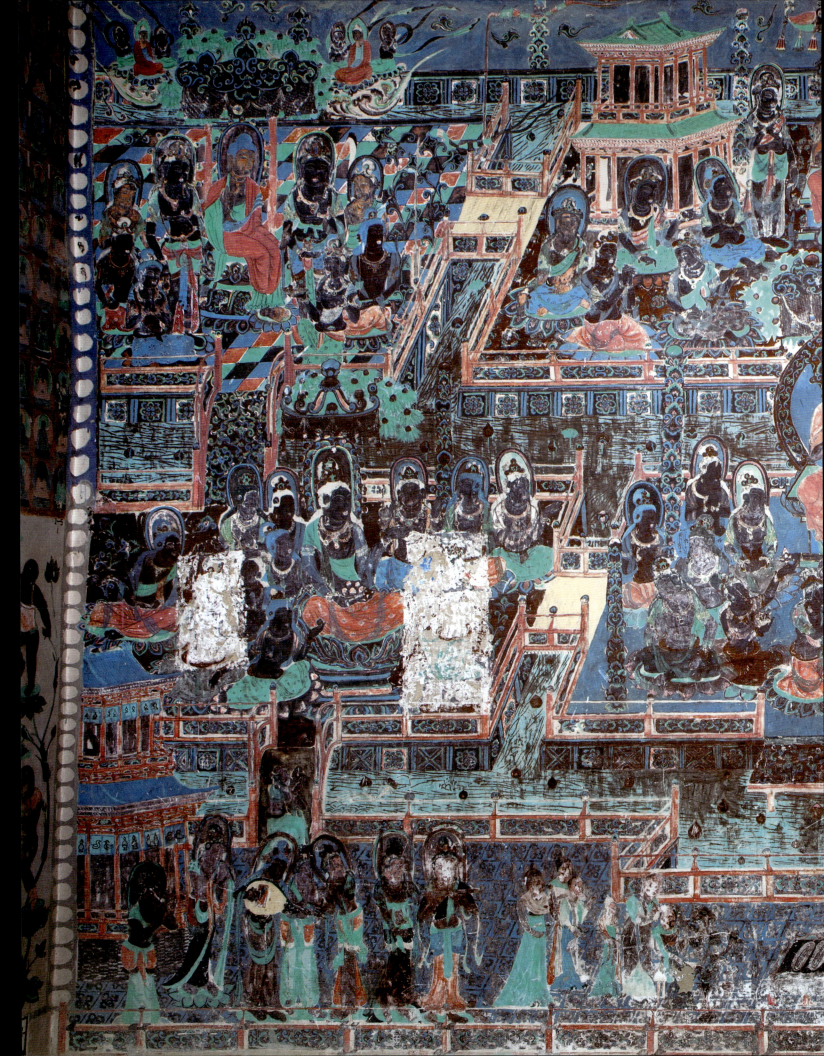

123

敦煌莫高窟第 329 窟，主室东壁。窟顶藻井下部绘千佛图像。门上初唐画画说
法图四铺，系一佛二菩萨或一佛四菩萨组合；门南、北各画说法图一铺，
系一佛二弟子二菩萨组合

敦煌莫高窟第 323 窟南壁被华尔纳盗劫的扬都出金像部分，现保存在美国
哈佛艺术博物馆

126

敦煌莫高窟第 323 窟东壁北侧被华尔纳粘取的壁画，现保存在美国哈佛艺术博物馆

敦煌莫高窟第 329 窟北壁弥勒经变中被华尔纳粘取的一身供养菩萨像，现
保存在美国哈佛艺术博物馆

敦煌莫高窟第 329 窟，主室西壁。斜顶敞口龛内，初唐塑一佛二弟子四菩萨；龛顶
画佛传故事乘象入胎（北侧）、夜半逾城（南侧），伎乐、雷神等；龛壁化佛火焰
佛光两侧，各画弟子、飞天、化生等；龛外南北两侧画千佛。龛内塑像佛除佛像为初
唐原作外，其余均为 1908 年后塑、妆修。故与 1908 年照片回异

敦煌莫高窟第332窟，中心柱东向面。初唐塑一佛二菩萨像，站立在莲花座上。
此外，南北壁亦各塑一佛二菩萨像。关于其定名，一说表示三身像，即法
身、报身、应身。佛像高额丰颊，神态宁静，面容慈悲。胁侍菩萨腰肢婀娜，
别有意趣。色彩为后世补绘

133

敦煌莫高窟第335窟，主室北壁。初唐画维摩诘经变之一铺，此为莫高窟第一幅形式
完整的通壁维摩诘经变，意义重大。毗耶离城外，维摩诘居右侧方丈，文殊师利
坐左侧，遥遥相对。文殊座下画帝王出行图，维摩诘帐下为各族各国王子礼
佛图。整体结构严谨，主次分明，色彩虽已褪变，但意境犹存

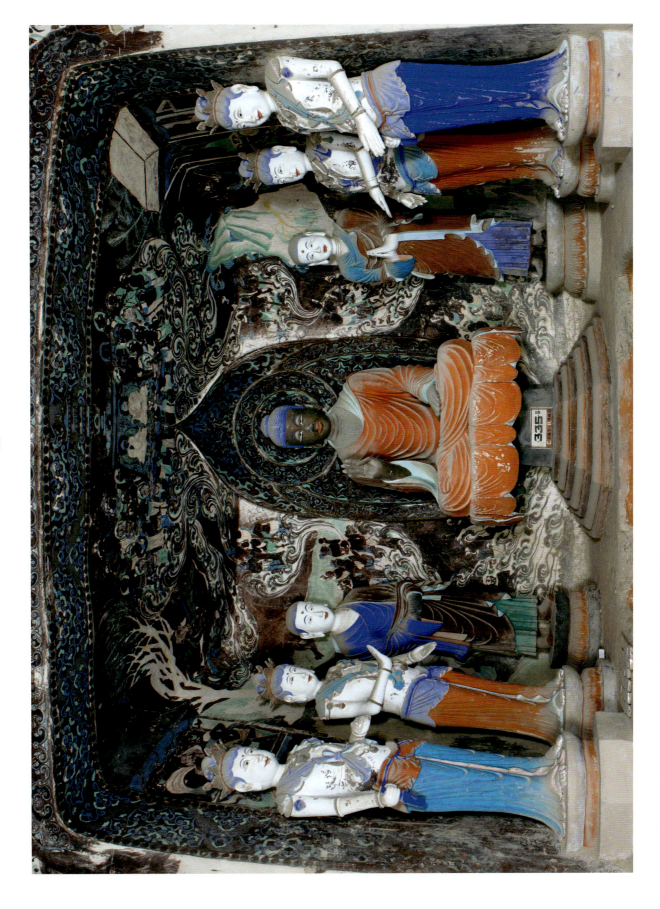

135

敦煌莫高窟第335窟，主室西壁，平顶敞口龛内，唐塑一佛二弟子四菩萨像；
龛顶画见宝塔佛光，龛壁存塑佛光，两侧画法华经变从地涌出品及灵鹫山；
龛口内两侧画劳度叉斗圣变；龛内牡丹花瓣边饰。1908年照片中，龛内
塑像仅残存跌坐佛及一座弟子像，后经重修补塑，成为今貌

敦煌莫高窟第 27 窟，主室西壁。盛唐洞窟，经西夏、清重修。西壁开凿平顶敞口龛，内有唐塑跏坐
佛一身；龛外唐代悬塑供养菩萨二身，其上西披龛内唐塑释迦、多宝二佛；龛内西壁唐浮塑顶光、背
光，经西夏重画，西北壁各有西夏画菩萨。与 1908 年照片对比，该龛损毁严重：龛内唐塑二弟子、
二菩萨，龛外南北两侧悬塑菩萨，龛上悬塑飞天，均已缺失，只存木骨支撑

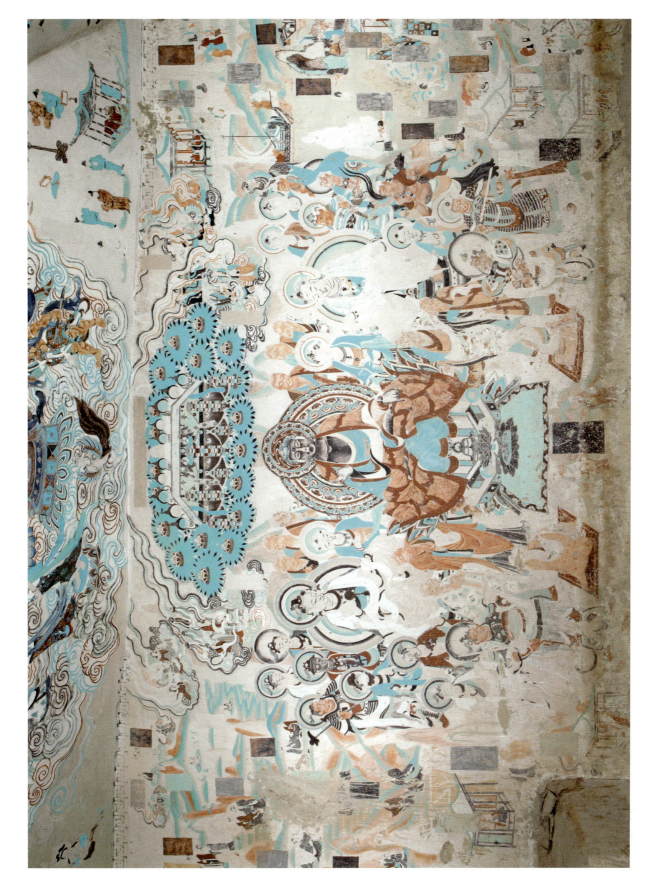

敦煌莫高窟第 31 窟，主室北壁。盛唐洞窟，北壁画报恩经变一铺，中间为序品，表现为孝品，佛前生为须阇提太子，割肉奉养父母；东侧为恶友品，以太子善友、恶友等本生故事讲得成佛道。一经独占一壁，西侧为孝品善友。场景布局主次疏密，变化自如，节奏分明，是盛唐之风。

139

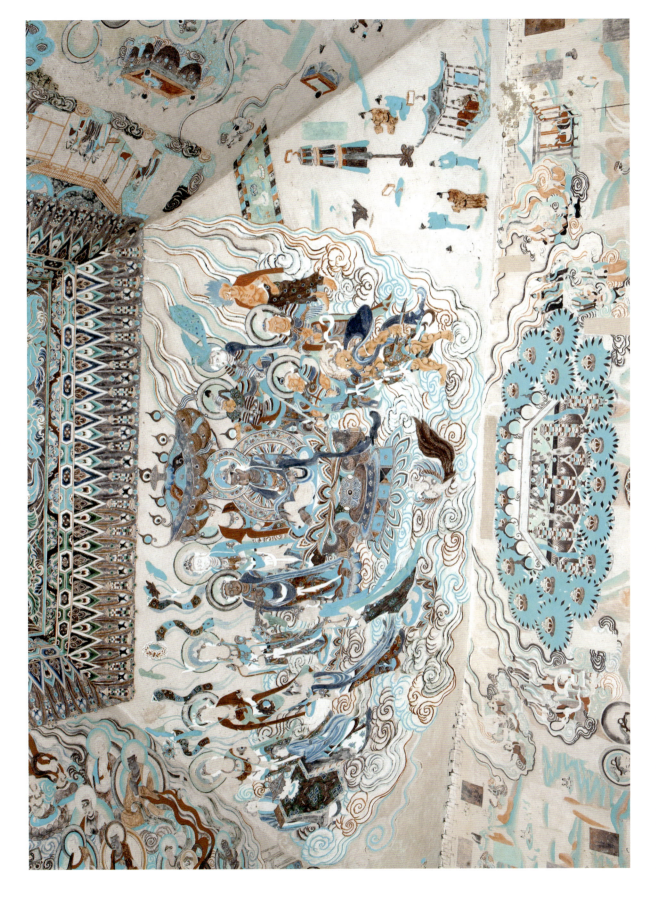

敦煌莫高窟第 31 窟，窟顶北披。位于主室北壁报恩经变上方，窟顶藻井画团花井心，卷草重幔铺于四披，北披盛唐画文殊赴会，即以文殊师利为上首的诸菩萨赴法华会的情景。文殊坐在莲座上，前有持幡、持莲诸菩萨，后有天王、力士等，行进于彩云之上

143

敦煌莫高窟第 44 窟，主室北壁。洞窟始建于盛唐，中唐、五代重修。主室设中心窟柱，东向面（左侧）平顶
方形敞口窟内唐塑佛二身，窟外南北两侧五代塑弟子、菩萨立像各一身（图中为北侧菩萨）。北壁人字披下
画千佛；盛唐画西方净土变一铺，千佛部分：画面右侧中唐画观音一身；左侧开佛龛两座，内有唐塑佛像，
两龛之间中唐画观音一身；下部五代画供养比丘一排。对比 1908 年的照片，中心柱龛内一尊塑像缺失

敦煌莫高窟第 45 窟，主室南壁。盛唐画观音经变一铺。中间绘观音立像，上承珠网璎珞华盖，头戴化佛冠，纱巾披肩，璎珞被体。两侧绘三十三现身利救诸苦难，保存了盛唐世俗生活和东西交通的形象资料，颇具史料价值。可惜下部于 1908 年之后毁坏加重

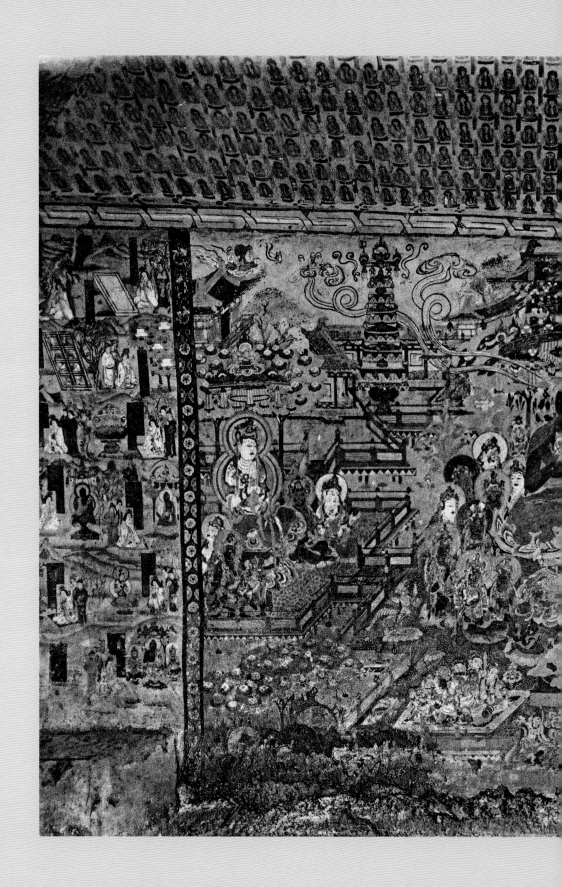

敦煌莫高窟第45窟，主室北壁。盛唐画观无量寿经变一铺。画面中间为无量寿佛说法会，奏乐歌舞，飞天散花，刻画出西方净土景象。东侧未生怨，讲述频婆娑罗王、韦提希夫妇因未生怨被阿阇世王囚禁，遂一心向佛；西侧十六观，把韦提希夫人十六次观想画在纵长壁面上，配以不同景物，构思巧妙。壁画下部在 1908 年时已有残缺

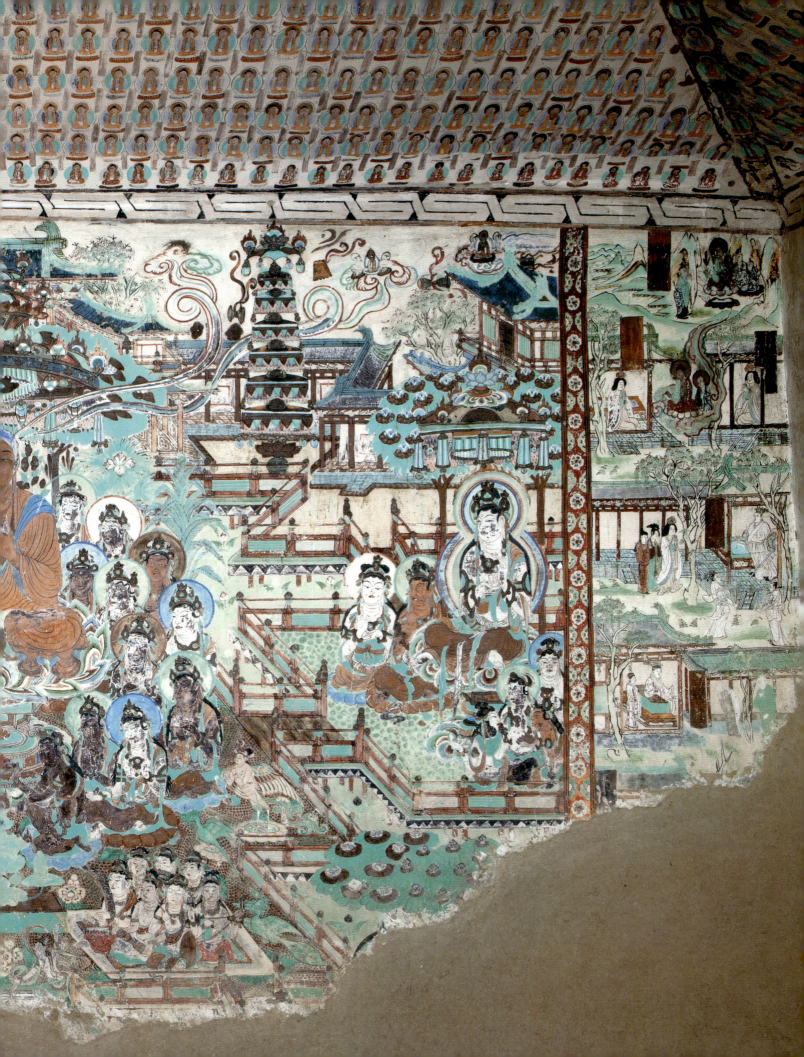

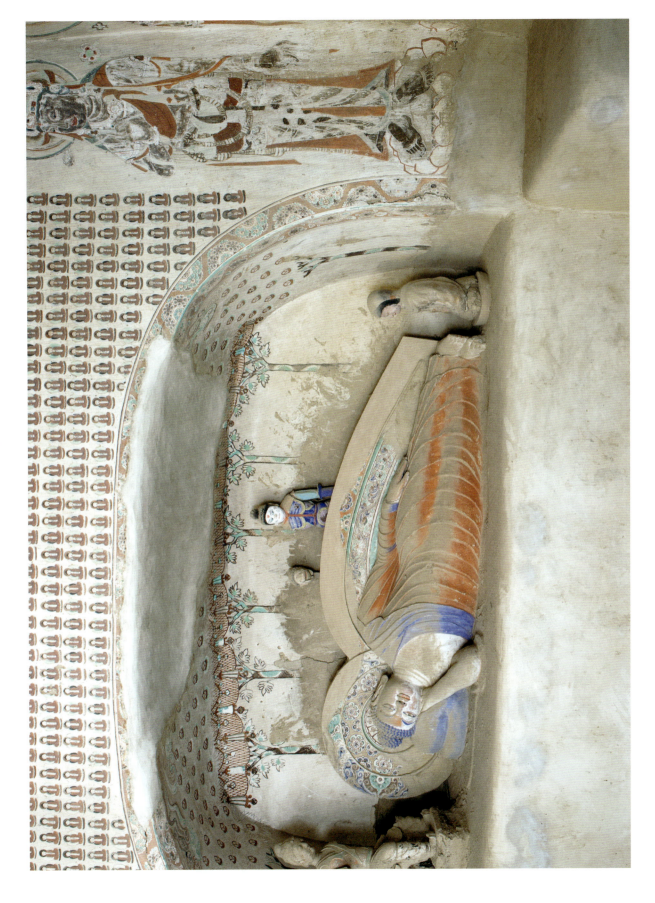

敦煌莫高窟第 46 窟，主室南壁。盛唐开凿的是涅槃龛，内塑释迦牟尼右胁横卧像，表现的是涅槃经

变的情景，释迦举哀，众弟子举哀。在 1908 年照片中，以释迦为主体，可以看到周围的是众弟子

及佛母像，释迦圆寂，众弟子们大多不存。仅存在它们上的端普亦缺失。舍利弗母，舍利弗及一弟子头像。西南角上的端普亦缺失。

但现在它们上首弟子上首弟子舍利弗，闭目沉思，先佛入灭

位于佛足一侧的跪像，为释迦牟尼上首弟子舍利弗，闭目沉思，先佛入灭

152

153

敦煌莫高窟第 46 窟。主室西北角。西壁。西壁（左侧）平顶敞口龛内，盛唐塑趺坐佛。阿难、迦叶、菩萨及天王像；龛壁浮塑背光、项光、两侧画项光、菩萨；龛外北侧画菩萨。龛内龛内原塑七佛，龛外西壁画菩萨立像。对比 1908 年照片，西壁龛内菩萨像右臂残断，北壁龛及西北角合端兽立佛一身立佛及西北角合端兽缺失

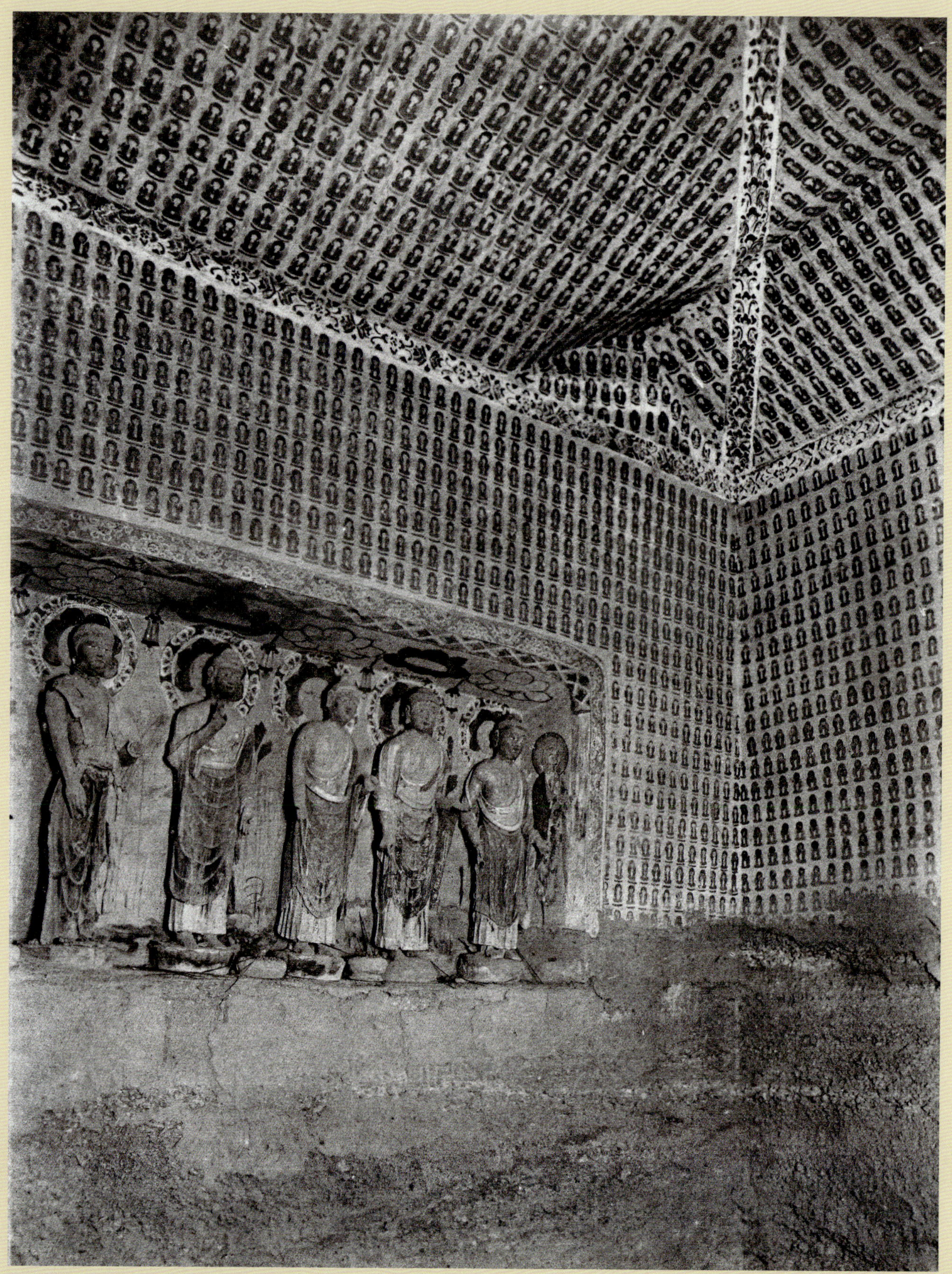

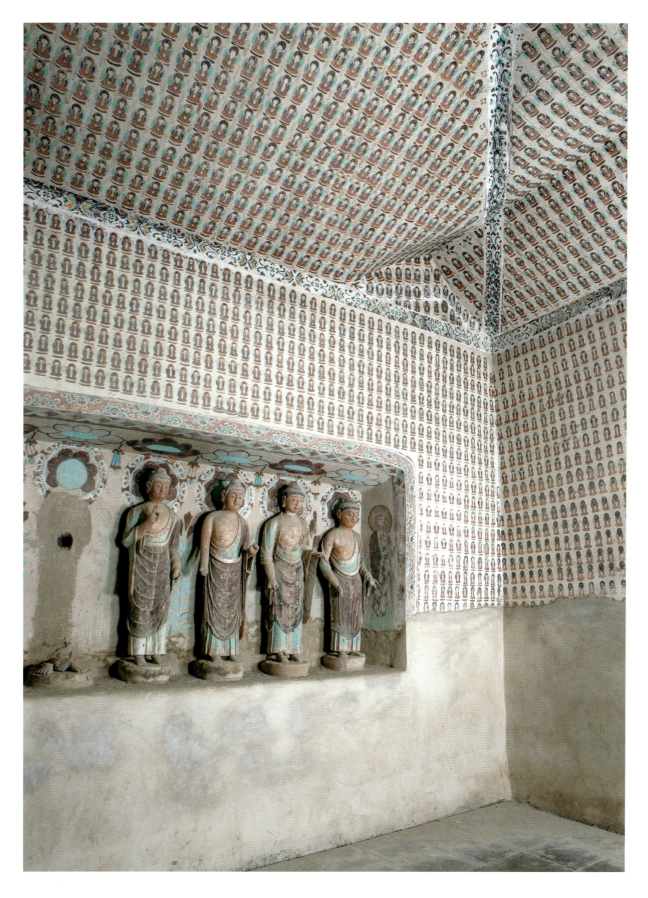

155

敦煌莫高窟第 46 窟，主室东北角。主室北壁、东壁、窟顶四披画千佛。北壁平顶方形龛，内有唐塑七佛，即过去七佛，指距离我们时间最近的七位佛，释迦牟尼佛为最后一位。龛顶画莲花盖，龛内东西壁各画一比丘，北壁画佛光。但七佛之一在 1908 年之后丢失

敦煌莫高窟第 66 窟，主室西壁。平顶敞口龛内，盛唐塑一佛、二弟子、二
菩萨、二天王像七身；龛顶画帐形图案与宝盖、飞天三身；龛壁浮塑佛光，
两侧画四弟子、二菩萨、四伎乐；龛外南北壁各画菩萨一身，南侧执花，
北侧为观音。1908 年的照片中，佛像右手结无畏印，今已残断

敦煌莫高窟第 74 窟，主室北壁。盛唐洞窟，五代重修。北壁唐画十轮经变一铺，是地藏信仰的体现。画面主体为说法会，主尊在双树下说法，菩萨、天神侍立两侧。上方是兜率天宫。弥勒倚坐说法。两侧画面约 20 幅，描绘地藏乘云教度，解脱苦难等场景。壁画下半部残损。

163

敦煌莫高窟第 103 窟，主室南壁。盛唐画佛顶尊胜陀罗尼经变一铺，中央为佛说法图，佛着
袒右肩袈裟，结跏趺坐，周围侍立闻法弟子、菩萨、比丘。西侧画面（图中右侧）描绘佛陀
波利来诣五台山拜跪祈祷、路遇文殊化现的老人、入宫献经等场景。相比于 1908 年照片，壁
画下部颜料层脱落十分严重，西南角为 1908 年后新造塑像

敦煌莫高窟第 103 窟，主室东壁北侧。东壁盛唐画维摩诘经变，门南侧画维摩诘与听法
从众，与之相对，在门北侧（即图中）画文殊师利与帝王听法。文殊神态轻松和悦，面
目含笑，答辩从容。其下中国帝王着冕旒衮服，虔诚听法，前后为群臣。在最下部亦有
壁画残留，但相较于 1908 年的照片，颜料层基本脱落，模糊不清

167

敦煌莫高窟第113窟，主室西壁。盛唐开凿，窟顶垂幔铺于四披，画千佛像。
西壁盝顶帐形龛内，唐塑倚坐佛及二弟子、二菩萨，龛外两侧台上天王各
一身。龛内西壁两侧画侧画屏风，各有弟子一身。对比1908年的照片，龛内西
壁残损面积有所扩大，倚坐佛右手经过修补，简坐佛右手经过修补，姿势略有差异

167

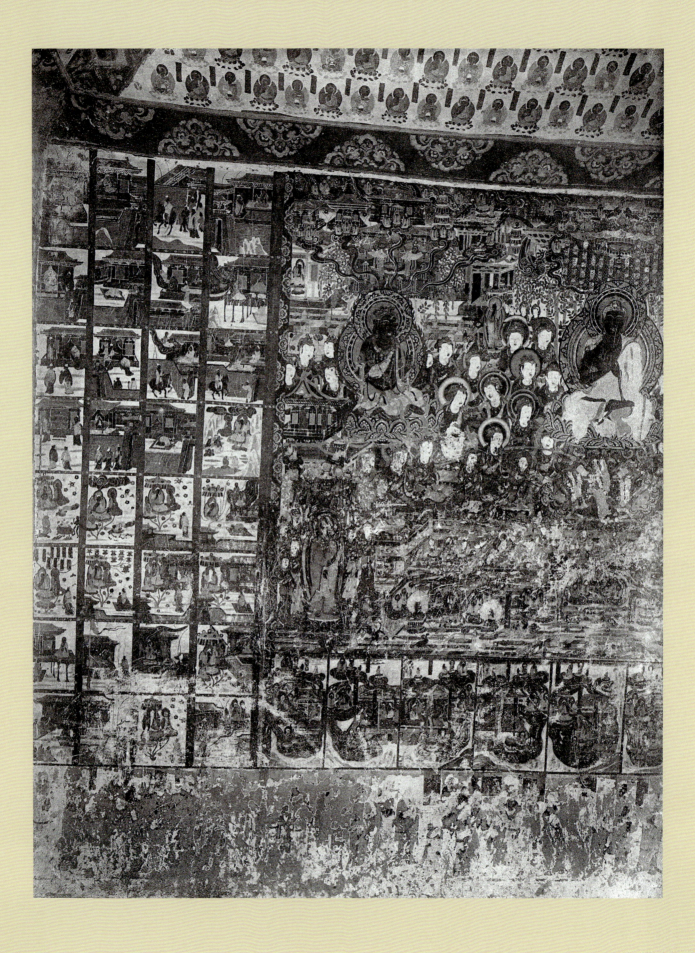

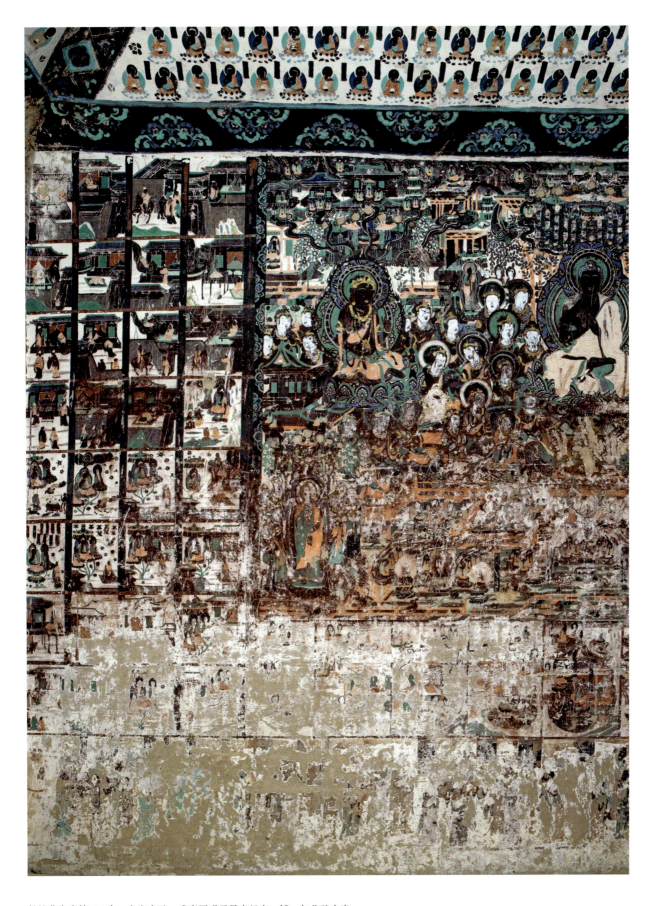

敦煌莫高窟第 171 窟，主室南壁。盛唐画观无量寿经变一铺，与北壁内容
形式几乎一致，两侧分别为未生怨、十六观。画面中东侧内容即未生怨
三十二小幅，亦作连环画形式处理。氧化情况略好于北壁。与 1908 年的照
片对比，下部分内容，即下九品往生与盛唐画供养人像，颜料脱落严重

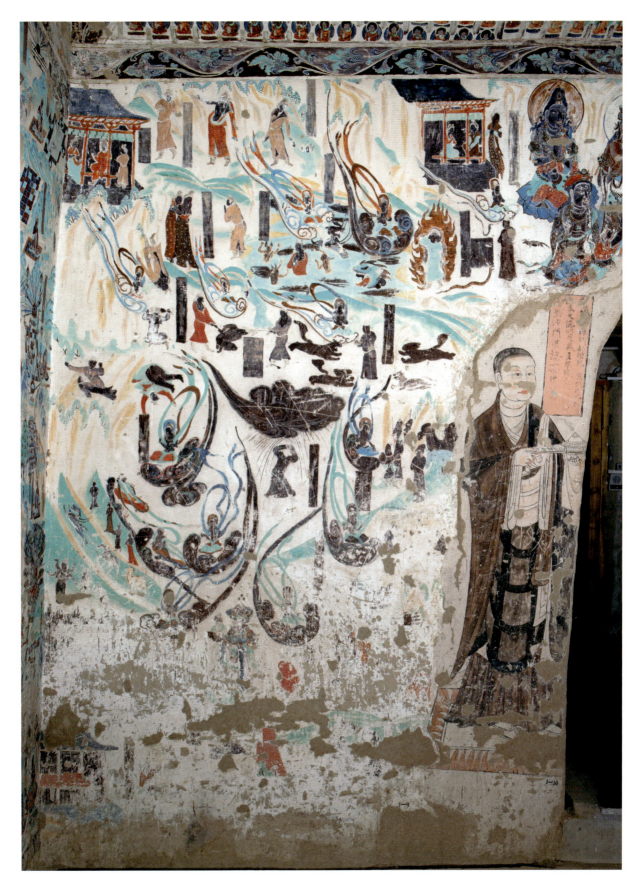

敦煌莫高窟第 217 窟，主室东壁北侧。建于盛唐早期景云年间，系阴氏家
族洞窟之一。盛唐画法华经变观音普门品一铺，画有坠崖、行刑、雷雨、
抢劫等社会、自然灾难，均有菩萨乘降救苦救难，姿态变化丰富，色彩绚丽。
门北沿五代画沙门洪认供养像。壁画下部较 1908 年的照片有所缺损

173

敦煌莫高窟第 217 窟，主室东壁南侧。盛唐画法华经变观音普门品一铺，

与北侧内容连贯。门上部有灵山说法图两胁听法的菩萨组像，面颜丰圆，

宝冠多样，色彩因东壁背光避风而保存较好，依然鲜艳。但墙壁下部及门

南沿在 1908 年后遭毁损，颜料层脱落严重

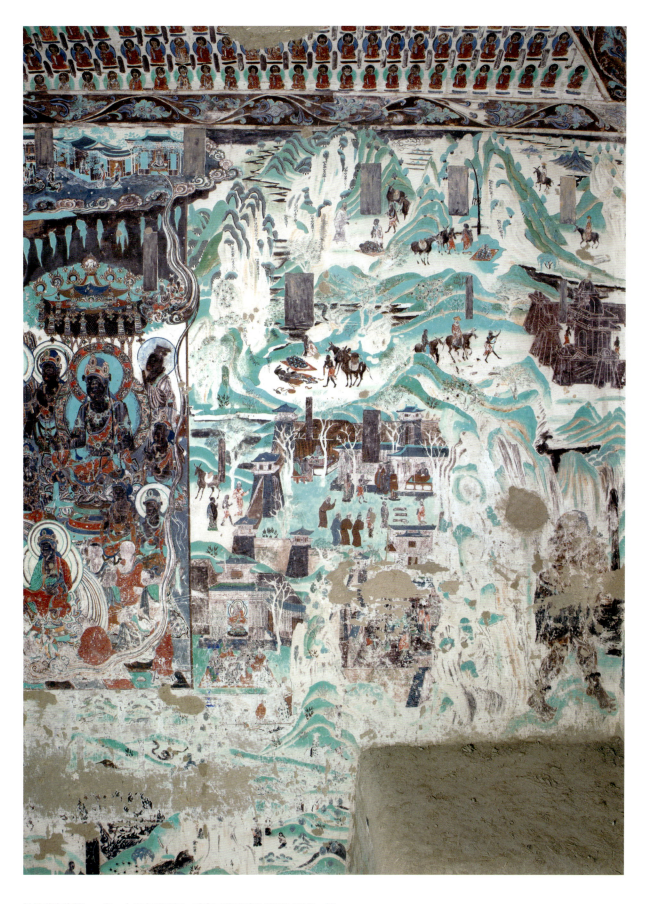

175

敦煌莫高窟第 217 窟，主室南壁西侧。盛唐画佛顶尊胜陀罗尼经变一铺，
左侧为根据佛顶尊胜陀罗尼经的"经序"绘制的佛陀波利事迹画，右侧（即
西侧）画佛陀波利事迹。每幅画面以青绿山水为间隔，描绘精致。相比于
1908 年的照片，下部有部分内容残损

敦煌莫高窟第 217 窟，主室南壁下部。盛唐画佛顶尊胜陀罗尼经变一铺，
上部为发愿文，两侧菩萨虔心听法，情态不一；下部画重病得医、佛为帝
释天说法等。与 1908 年的照片对比，序品佛座下被刻字"西天佛"，下部
毁损严重，缺失近半内容

敦煌莫高窟第 217 窟，主室西壁北部。盛唐画观音菩萨像，该像与众不同，
额生竖眼，为禅宗尊崇的准提观音，意为清净，在盛唐壁画中较为少见。
菩萨躯体原为浅亮白色，已变为厚重黑褐色，唯青绿衣裳尚鲜明。相较于
1908 年的照片，菩萨双足及底部莲座有部分缺损

敦煌莫高窟第 460 窟，主室西壁。盛唐洞窟，主室设佛坛，内有盛唐塑一佛坐佛、二弟子、二菩萨、二天王。壁上画菩提宝盖、飞天、项光、花卉。对比 1908 年照片，北侧菩萨像上半身残缺，露出中心的木骨；北侧迦叶弟子右臂经过修复

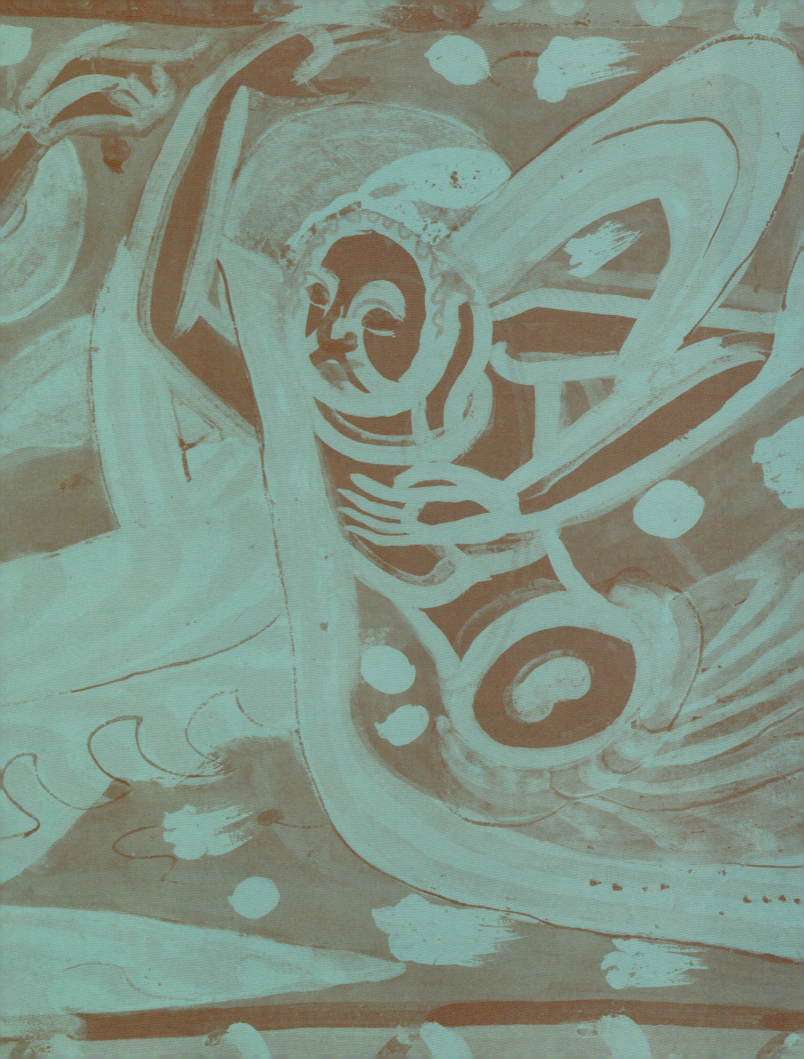

中期石窟——中唐至五代、宋

安史之乱是唐朝的分水岭，影响延及西域。公元781年，敦煌落入吐蕃统治，敦煌石窟步入后期。敦煌的唐代石窟一般分为初唐、盛唐、中唐和晚唐四个阶段，敦煌学研究者赵声良先生在《敦煌石窟艺术简史》中将唐代分为前后两期。初唐、盛唐为前期，中唐、晚唐为后期。公元848年，敦煌本地汉人张议潮起义，收复沙州，唐廷置归义军，延至五代。虽然敦煌与中原的宗教、艺术交流并未断绝，但变化殊异的统治环境与文化氛围，为敦煌石窟注入了不一样的元素。

吐蕃民族崇信佛教，在其六十七年的统治中新开洞窟48个；晚唐的五十九年间，开凿了71个洞窟。这些洞窟在延续前代风格的同时，产生了新的壁画结构格局，比如唐前期的整幅巨幅经变画减少，往往数幅并列，下部配以条幅的屏风画。壁画内容上，也出现了密宗、瑞像、少数民族形象（如吐蕃赞普礼佛图、吐蕃武士等）。

公元914年，曹议金重建归义军，此后统治敦煌一百余年，史载「道塞清平，歌谣满路」，一派升平之貌。曹氏统治者还仿中原制度设立画院，有组织地绘制壁画、营造洞窟。在这种环境下，敦煌石窟迅速发展，新凿洞窟41个，重修前代洞窟248个。

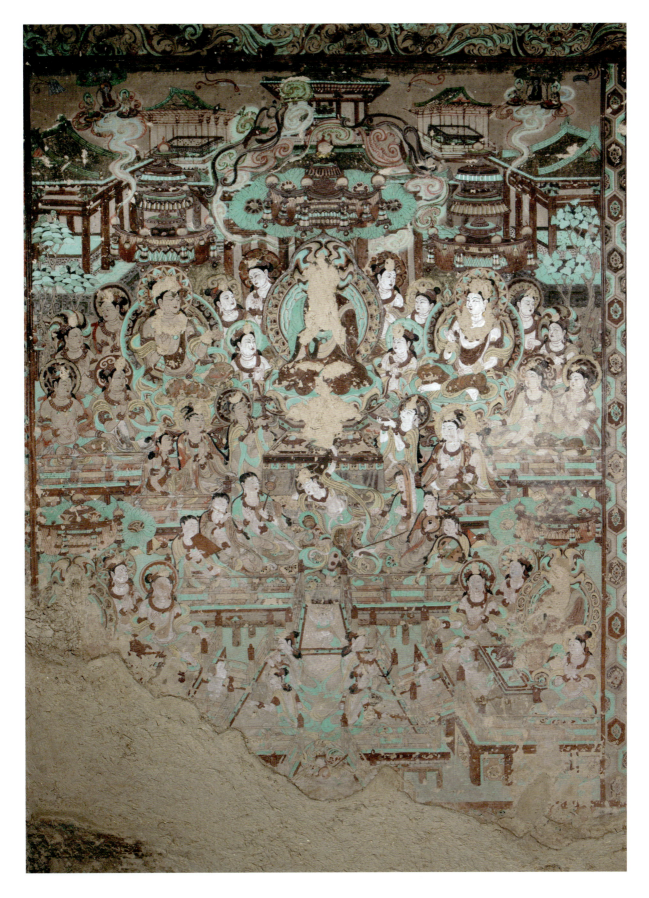

187

敦煌莫高窟第 112 窟，主室南壁。中唐画观无量寿经变一铺，描绘无量寿
佛居住的西方极乐世界，莲池绿水，宝楼幢幡。无量寿佛位居中央，结跏
趺坐说法，被众菩萨簇拥着。下部乐舞图，七人一组，演奏横笛、鼗鼓、
阮咸等，中间即著名的反弹琵琶像。壁画下方残缺处较 1908 年略为严重

敦煌莫高窟第 154 窟，主室北壁。中唐画观无量寿经变一铺。观无量寿经变发展到中唐此窟时，画面布局已然定型，延续了早期初唐洞窟的基本图像内容与结构特征，中间主题为说法会，东侧未生怨，西侧十六观。壁画下部西夏画持花供养菩萨。对比 1908 年的照片，经变下部乐舞图及其左侧缺损（法国吉美博物馆馆长赠敦煌研究院数字照片原文件，努埃特拍摄于 1908 年）

敦煌莫高窟第158窟，主室北壁。画各国王子举哀图，系涅槃经变情节，描绘了吐蕃赞普、华夏皇帝及西域诸国首领等送葬哀悼的情景。画中人物行为惨烈，劈面刺耳、用割耳，这是草原民族葬礼仪。画中戴冕旒者为华夏皇帝，吐蕃赞普在最前方，但头像已残，在1908年的照片中可见全貌

敦煌莫高窟第199窟，主室西壁。盝顶帐形龛内，唐塑倚坐佛一身，倚坐佛一身（西夏时从别处移来）；龛内西壁西夏重修佛光，两侧各画一弟子；龛内南北两壁盛唐画重幔、下弟子各三身；龛外南侧盛唐画观音，北侧中唐画大势至菩萨一身。龛内塑像倚坐佛应有南北两身，北侧已失，在1908年的照片中尚存台座。

195

敦煌莫高窟第 201 窟，西壁佛龛。主室西壁开凿有佛龛，但龛内塑像毁坏殆
尽，仅存佛光、弟子等部分残画。画面中间弟子手执经卷，似在诵读佛典。
其身上袈裟较 1908 年照片有所破损

敦煌莫高窟第 202 窟，东壁南侧。该窟为初唐开凿，中唐、宋代重修。东
壁门上说法图为初唐所画。南侧上部中唐画药师经变一铺；中部中唐画南
方毗琉璃天王，头戴宝盔，披甲挂帛，其身后眷属鸠槃荼鬼，手执一长杆旗，
紧随天王；下部宋画供养菩萨五身

199

敦煌莫高窟第 231 窟，东壁南侧。231 窟是中唐时期的代表洞窟，又称阴家
窟。窟门东壁南侧画有一天王，身披甲胄，不怒自威。与 1908 年的照片相
比，今天的壁画上有一道伤痕斜贯而下，割裂了画面

敦煌莫高窟第9窟，主室南壁。该窟为晚唐代表洞窟，又称张承奉窟。张承奉为
第一任归义军节度使张议潮之孙，称帝建金山国。主室南壁画劳度叉斗圣变，与
北壁的维摩诘经变呈对称格局。画面描绘外道劳度叉与舍利弗斗法，最终舍利弗
大获全胜，外道皈依佛法等场景。壁画中缺损部分在1908年之前即已存在

敦煌莫高窟第 9 窟，中心龛柱。该窟为中心龛柱型洞窟，图为龛柱西向面，
晚唐白描画《嵩山神送柱图》局部。女皇武则天建明堂，空中有嵩山神将
乘云而来，将巨柱送予武则天。画中两大臣手执笏板，向上仰望神将。此
画目的或是张承奉为称帝制造舆论

敦煌莫高窟第 12 窟，前室西壁南侧。上部晚唐画南方天王一铺，与门北侧画北方天王
相对；下部画男供养人像、驼、马、供品等。天王头戴宝冠，身披汉式铠甲，威严孔武。
在 1908 年照片中，下部供养人像等保存完好，清晰可见，可惜后遭损毁，最下部已然无
存。因 20 世纪 60 年代加固洞窟，对前室做了挡墙，已无足够空间进行正面拍摄

敦煌莫高窟第138窟，主室。晚唐由敦煌望族阴氏开凿，即阴家窟。覆斗形顶，设中心佛坛，背屏连接窟顶。佛坛上晚唐塑趺坐佛一身；清塑送子娘娘及眷属、六臂观音等，是当地送子娘娘信仰的体现。相较于1908年的照片，可见六臂观音的手臂及左右童子有所缺失

敦煌莫高窟第 138 窟，主室东壁南侧。晚唐画维摩诘经变一铺，维摩诘居士凭几坐在榻上，
与前来问疾的文殊师利遥遥相对，周围则是菩萨、天王等。画面下方右侧，是帝王出行图。
在文武官员簇拥下，中国皇帝到毗耶离城维摩诘处问疾听法。人物虽不似盛唐时的宏伟气势，
但色彩清新，不失为佳作。1908 年的照片中，东壁前有后世修一隔间，后来清理

敦煌莫高窟第 57 窟，甬道南壁。该窟为初唐开凿洞窟，晚唐时重修甬道盝顶。甬道两壁
各画供养比丘二身。图为南壁比丘，他们身披袈裟，手持香炉，神情严肃，虔诚向佛。

1908 年后，比丘像被线描涂抹，其侧有题记曰："民国十九年旧九月十四吕钟一人游此洞。"
另在九层楼内，存有吕钟撰文的民国二十五年《重修千佛洞九层楼记》

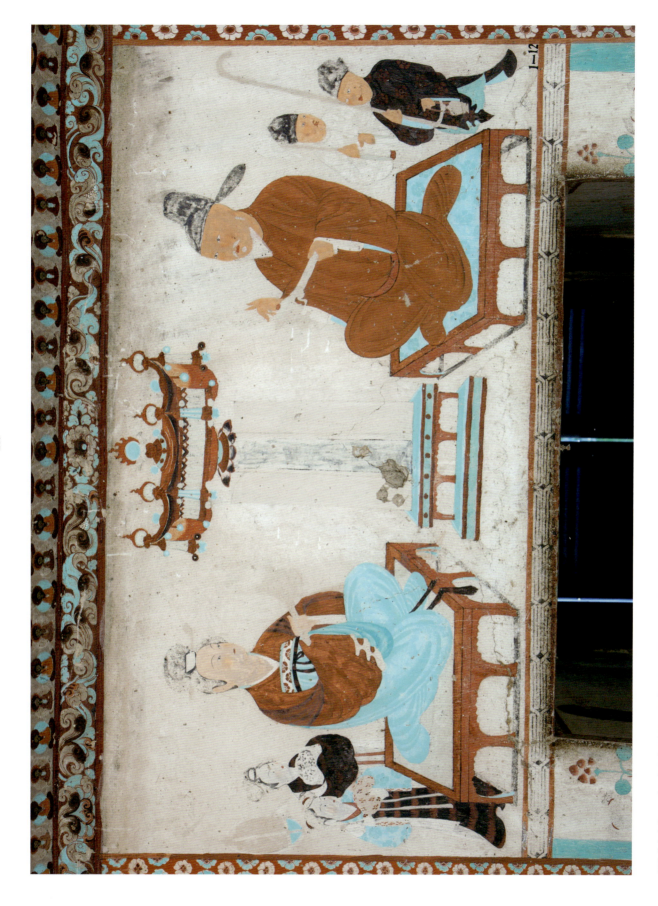

215

敦煌莫高窟第 144 窟，主室东壁门上。晚唐画索氏家族供养人两身，及其身后男女侍从各二身。男主人头戴幞头，身穿圆领襕衫；女主人头束高髻，肩垂披帛，着长裙，相对跪于胡床上，手执香炉，虔诚礼佛。二人身份为窟主亡父索南平索母留河清河张氏

217

敦煌莫高窟第 144 窟，主室东壁北侧。晚唐画千手钵文殊变一铺。千手钵为密宗
菩萨画像，文殊头戴七宝冠，着天衣，生出千臂千手，各执一琉璃钵，胸前两钵
与近身两圈钵内现释迦化佛。莲座作大海须弥山，有人首蛇身的二龙王守护，表
现了文殊菩萨化现的奇妙景观。下部画供养人四身、供养比丘一身

敦煌莫高窟第156窟，主室南壁西侧。晚唐敦煌大族张议潮起兵，从吐蕃手中收复敦煌，被唐廷封为归义军节度使，敦煌进入张氏归义军时代。156窟为这一时期代表洞窟。主室南壁上部画阿弥陀经变等，下部画张议潮统军出行图。规模庞大的出行队伍，分军乐队、仪仗队、警卫队、歌舞伎等

敦煌莫高窟第156窟，主室东南角。左侧（东壁）上部晚唐画金光明经变一铺，下部画张议潮统军出行图。与右侧（南壁）相接，为张氏家族子弟统领的左右厢都虞候等队伍。拐角处原有灶台，后被敦煌艺术研究所拆除，但上方壁画已被熏烤变黑

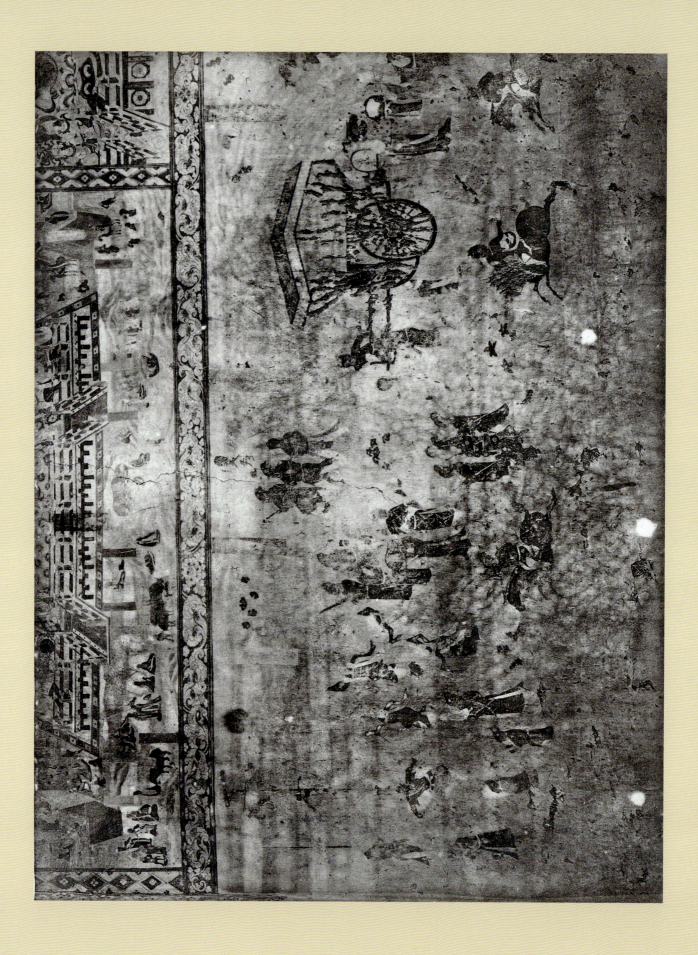

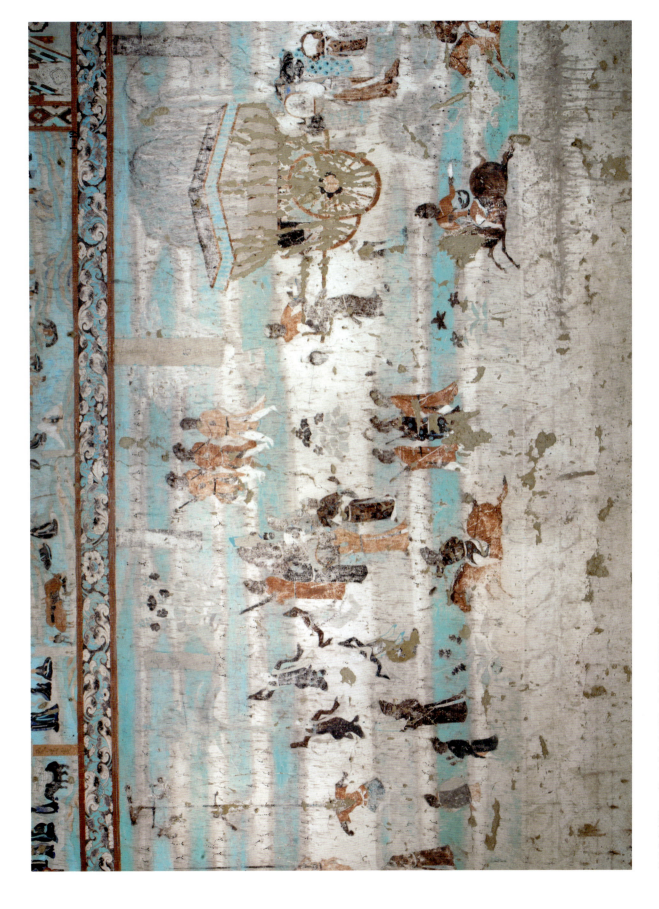

225

敦煌莫高窟第156窟，主室北壁西侧。上部晚唐画报恩经变、药师经变、天请问经变各一铺，下部画宋国夫人（即张议潮的夫人）出行图局部。画面西端以顶杆杂耍及舞乐队开头，其后为乐师舞伎，警卫队银刀手，大道中央为一辆辐车，前有驭者，后有侍女

敦煌莫高窟第192窟，主室西壁。晚唐修建洞窟，西壁开一盝顶帐形龛，内残存跏趺坐佛一身，弟子阿难一身；佛床呈马蹄形，画壸门供宝九个；龛顶四披画趺坐佛，垂幔延及龛内西壁；西、南、北三壁各画菩萨两身；龛外南北两侧分别画普贤变、文殊变；最下部未画供养比丘。相比于1908年照片，阿难头塑像、弟子迦叶塑像、供养人像，佛头已缺失

229

敦煌莫高窟第 459 窟。主室南壁。晚唐洞窟。图片左侧为南壁晚唐画祇伽经变一铺；右侧为西壁龛内南壁，画卷草帷幔、弟子等。从 1908 年照片可以看到，南壁及西壁龛外南侧原有天王立像三身及菩萨一身，应是晚唐所塑，均伏失无存。南壁壁画经清理修复，重见天日。窟内又增立一木柱作为支撑

231

敦煌莫高窟第 6 窟，北壁西侧。上部五代画药师经变一铺，画面中央药师
佛左手托药钵，右手执锡杖，意为除众病、护苍生，这种形象较多出现在
晚期敦煌壁画中；下部西夏画供养菩萨。与 1908 年的照片相比，供养菩萨
像的残损面积有所扩大

232

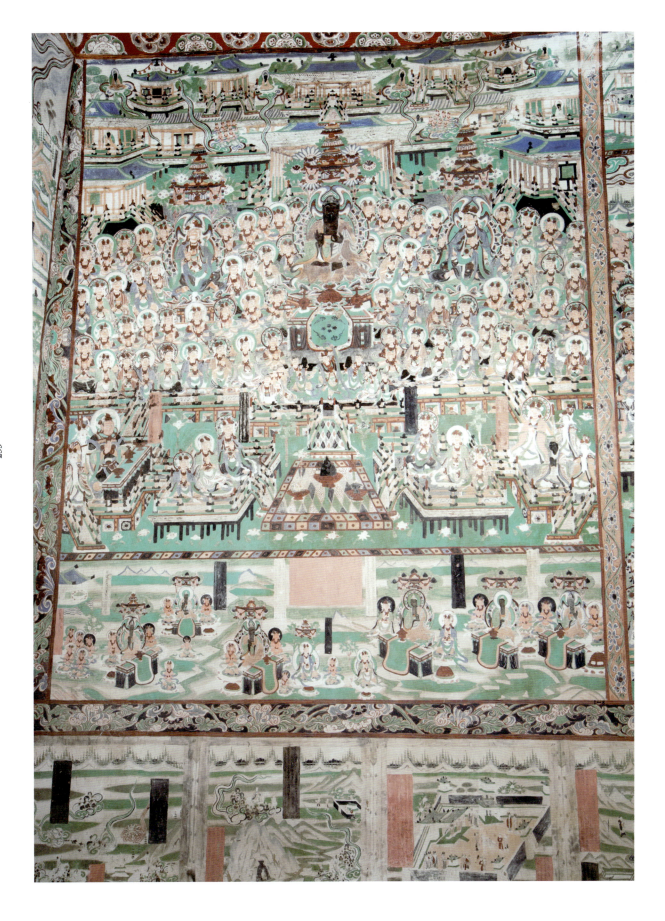

233

敦煌莫高窟第 61 窟，北壁西侧。上部五代画密严经变；下部画佛传故事。

该窟为莫高窟大型洞窟之一，南、北、东壁总共绘十一铺大乘经变，以及

三十三扇屏风式佛传故事画（多达 128 个画面）

敦煌莫高窟第 61 窟，东壁北侧。绘供养人像，其中一人头戴凤冠，服饰华丽，榜题"大朝大于阗国天册皇帝第三女天公主李氏为新受太傅曹延禄姬供养"，是嫁给敦煌曹延禄的于阗公主。反映了曹氏家族对外联姻情况。但最下部分残损，较 1908 年更为严重

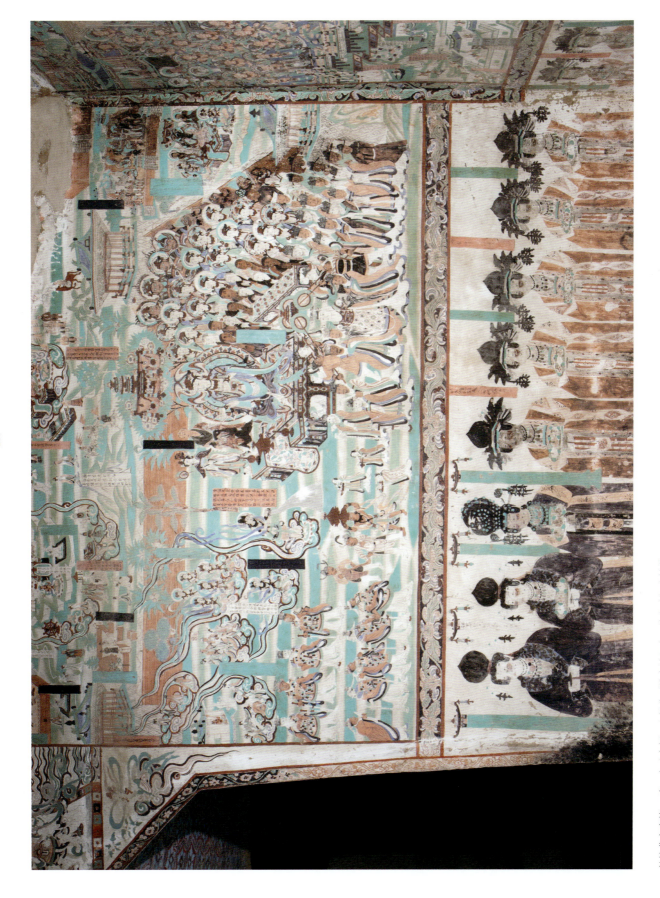

敦煌莫高窟第61窟，东壁南侧。上部分画维摩诘经变，绘文殊问疾情节，以文殊菩萨为中心，端坐宝台，帝王大臣、各族首领前来探望。下部分绘供养人像，其身份是执掌敦煌地区的归义军政权的曹氏家族成员，如曹议金夫人、曹议金之女、回鹘可汗夫人等

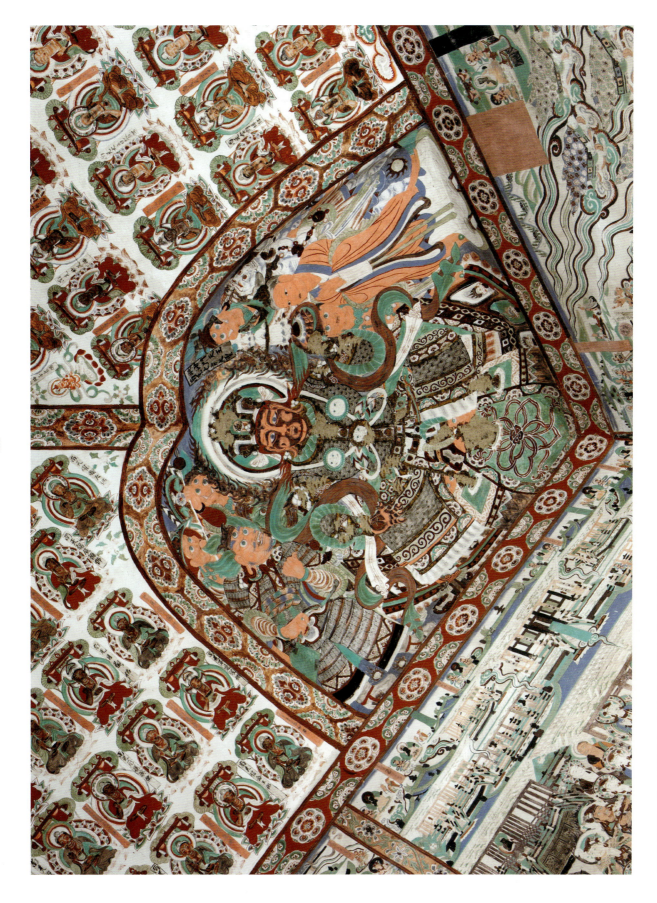

敦煌莫高窟第 61 窟，窟顶东北角。窟顶四角画四大天王像，分别是东南角
的东方提头赖吒天王、东北角的北方毗沙门天王、西北角的西方毗楼博叉
天王、西南角的南方毗琉璃天王。除东南角大部损毁外，其余保存基本完好。
图为东北角北方毗沙门天王

敦煌莫高窟第61窟，窟顶南披。窟顶藻井画团龙鹦鹉井心，垂幔铺于四披，
上画十方诸佛，下画千佛。南披千佛中央画南无南方天毂音佛一铺，系大
乘佛教信仰的体现

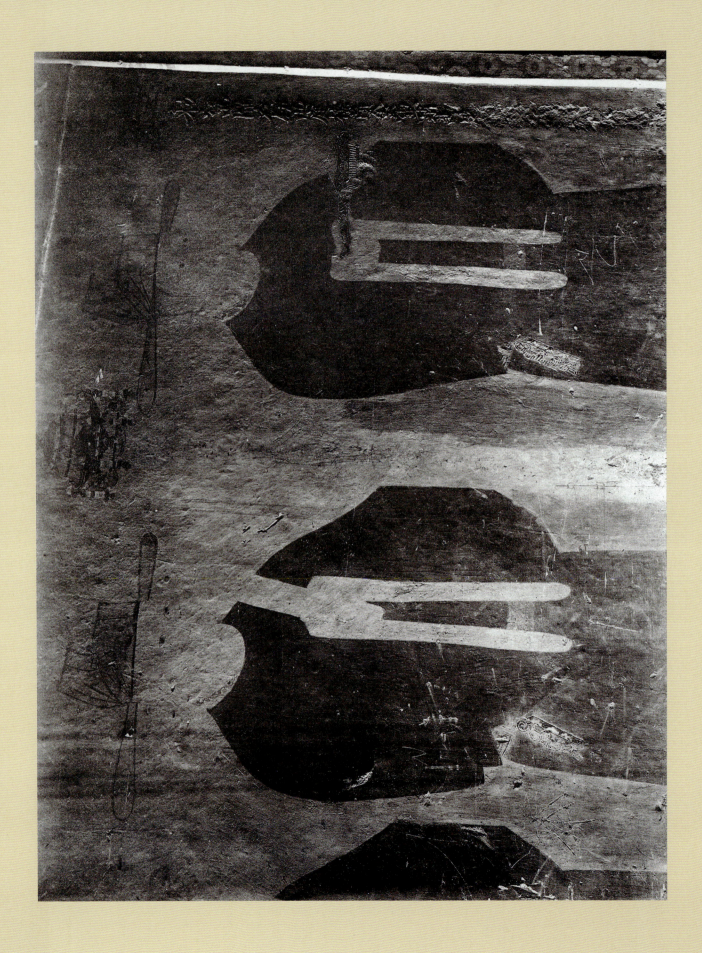

敦煌莫高窟第108窟，甬道南壁。南壁存供养人像七身，画面中右侧为曹议金，左侧为曹元德。914年，沙州大族曹议金执掌政权，统治瓜州、沙州等地，开启了敦煌史上的"曹氏归义军"时代。1908年的照片相对今貌略为完好，可看到曹议金榜题"敕河西陇右伊西庭楼兰金满等州节度"等字

敦煌莫高窟第 108 窟,主室南壁。此窟为曹议金的十六妹与其夫张淮庆所建的功德窟,主室东壁、南壁、北壁下画曹氏家族女眷的供养像,图为其中一身。头戴凤冠,插花钗,面部贴有花钿,面颊涂抹胭脂,项饰瑟瑟珠,服饰上绣团花图案,这是五代时期敦煌上层社会贵妇的典型装扮。壁画与 1908 年的照片相比脱落面积较大

敦煌莫高窟第 121 窟，甬道南壁。该窟为盛唐开凿，五代重修，甬道南壁
仍存五代时期画曹议金供养人像及侍从像，其上画垂幔。曹氏归义军时代，
统治者信奉佛教，新建、重修洞窟颇多。对比 1908 年的照片，曹议金人像
损毁严重

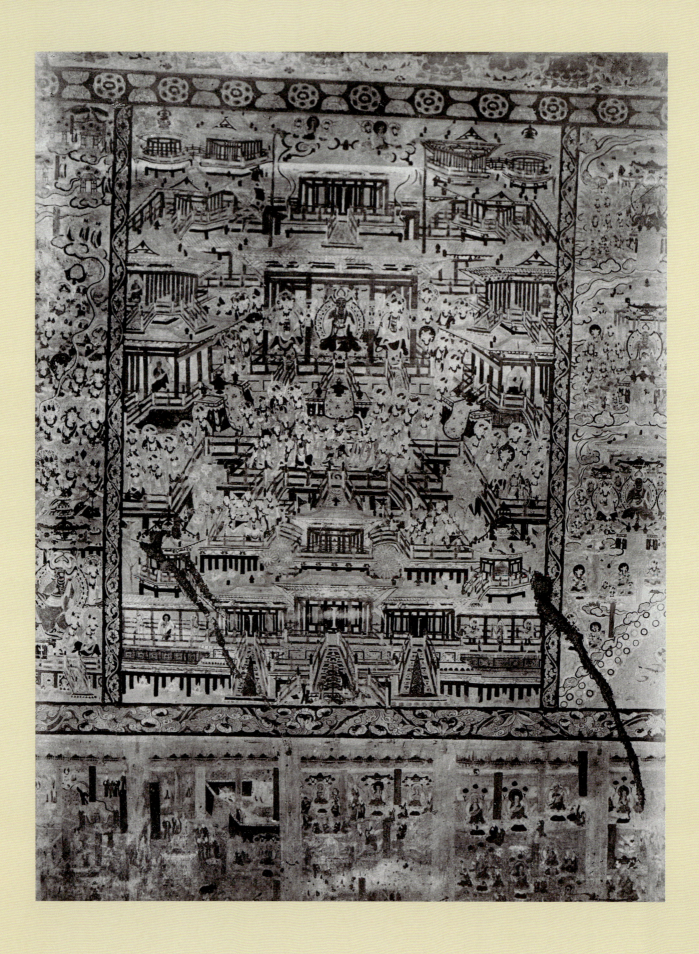

敦煌莫高窟第146窟，主室北壁。上部画药师经变，下部画贤愚经变屏风。
在壁画前面，主室的中心佛坛上，立有多尊塑像，均系1908年后添造。可
见在1908年之后莫高窟仍有营造活动，甬道南壁嵌有1917年《重修千佛洞
宝贝佛殿功德碑记》木碑，亦可为证

251

敦煌莫高窟第 146 窟，窟顶东南角。窟顶四角画四大天王像，分别为：东南角画南方毗琉璃天王、东北角画东方提头赖吒天王、西北角画北方毗沙门天王、西南角画西方毗楼博叉天王。图中东南角局部缺损，露出底层的木骨和地仗层

敦煌莫高窟第 146 窟，窟顶藻井。画团龙鹦鹉井心，卷草、垂幔铺于四披，
图中西披上画西方无量寿佛一铺，两侧十方佛，下画千佛。下方有宋塑清重
修趺坐佛一身，背屏上方宋画菩提宝盖，其下的丹凤朝阳画于 1908 年之后

敦煌莫高窟第 395 窟，甬道南壁。五代画僧人志公和尚像，已残，仅存其侧
的山峦及颈部挂包的鹿。从 1908 年的照片中可见，志公和尚头披风巾，面
容枯槁而两眼有神，身穿交领僧衣，手执禅杖，顶端悬挂一葫芦，俨然一位
游方高僧

敦煌莫高窟第97窟，主室北壁。南北两壁回鹘各画十六罗汉六身，罗汉一端各画执花供养比丘一身。每个罗汉各有榜题，部分榜题的底稿亦见于敦煌遗书中。每幅均以人物与山水木石相结合，呈超俗之貌。壁画下半部因颜料层脱落，较1908年的照片所示已损毁严重

1-11

敦煌莫高窟第 97 窟，主室西壁。盝顶帐形龛内，唐塑一佛二弟子二天王像；龛内西壁画释迦佛光，两侧各画童子飞天，飞天形象与服饰反映出游出游牧民族特征，下有花井；龛上画十方佛趺坐像十身；龛外南北两侧，画观音像各一身。在 1908 年的照片中，龛内塑像与今全然不同

敦煌莫高窟第 409 窟，东壁北侧。最上部门上回鹘画千佛；门北侧画回鹘
王妃供养人像两身及童子一身，底层壁画露出五代画供养人一部；最下部
回鹘画壶门供宝四个。北壁中画千佛。1908 年之后，北壁东下角被开凿了
一个穿洞，以便通行其他洞窟

敦煌莫高窟第 25 窟，主室龛内南壁。宋时开窟，主室西壁凿一盝顶帐形龛，龛内南北两壁、各画天王、阿修罗、龙众、夜叉及菩萨等像十一身。图中儿身彩塑系 1908 年之后添造

敦煌莫高窟第 25 窟，主室西壁龛。盝顶帐形龛，其内马蹄形佛床被清代涂毁；盝顶帐形龛，盝顶中央画棋格团花图案，三坡画佛祖十大弟子（大目犍连、阿难、须菩提、富楼那、罗睺罗等）。从 1908 年的照片可见，龛内西壁画佛祖十大弟子，龛内原有彩塑若干，唯佛像较为完整。后被重新妆饰；其他弟子、菩萨、瑞兽等塑像皆是后来重塑

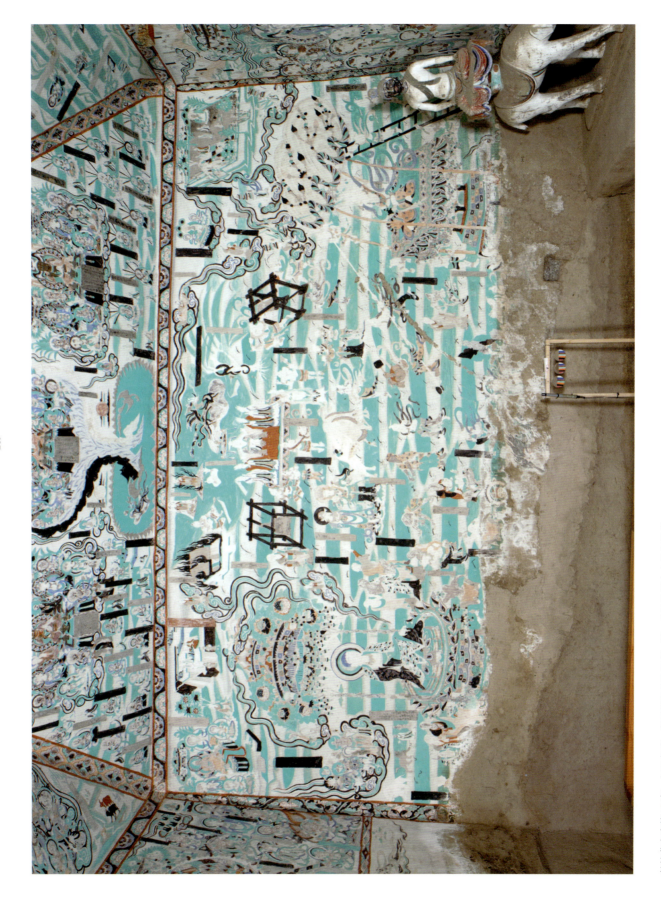

敦煌莫高窟第 25 窟，主室南壁。宋画劳度叉斗圣变一铺，斗法的两大主角舍利弗
与劳度叉位居画面左右两侧，遥遥相对，营垒分明。斗法情节穿插在画面中，其他
次要情节则安排在边角处，整体布局得当，主次分明。壁画下部残损面积较 1908
年时有所扩大，且画面中多出了一身普贤菩萨像，系 1908 年之后添塑

敦煌莫高窟第 431 窟，前室窟檐。北魏洞窟，经初唐、宋重修。图为宋修前室木构窟
檐，三间四柱，梁上犹存太平兴国五年重修的墨书题记。窟檐外拱眼壁画伎乐飞天、
供养菩萨等，内拱眼壁画说法图、迦陵频伽等。窗枋画飞天，檐椽画千佛。南壁宋
画法华经变一铺，下部原画男供养人，被清代凿洞毁去一部分

末期石窟——西夏至元

公元二世纪，党项人建立的西夏政权，先后终结了敦煌的归义军和沙州回鹘统治。在西夏统治敦煌的近一百年时光里，崇佛之风不改，对旧窟时有修复，又屡开新窟。西夏时期兼容显密两宗的艺术风格，推崇以石绿赋色，上有精心雕琢的蟠龙藻井，曼陀罗窟顶，下有清新富丽的团花、串花……为本已斑斓多彩的莫高窟平添新姿。

蒙元替西夏，夕阳余晖中的敦煌莫高窟仍不失灿烂。蒙元对敦煌进行了一百多年的统治，新建、重修大小洞窟十余座，虽然数量有限，却兼收了汉画传统与藏画风格。元代匠人高超的绘画技艺，多民族文化的丰富元素，纷纷走进莫高窟，共同形成了特色鲜明的元式风貌。

元立元灭，带来丝绸之路的兴而又废，敦煌的辉煌渐成历史，悄然凝固在莫高窟的一木一石、一塑一画当中。

274

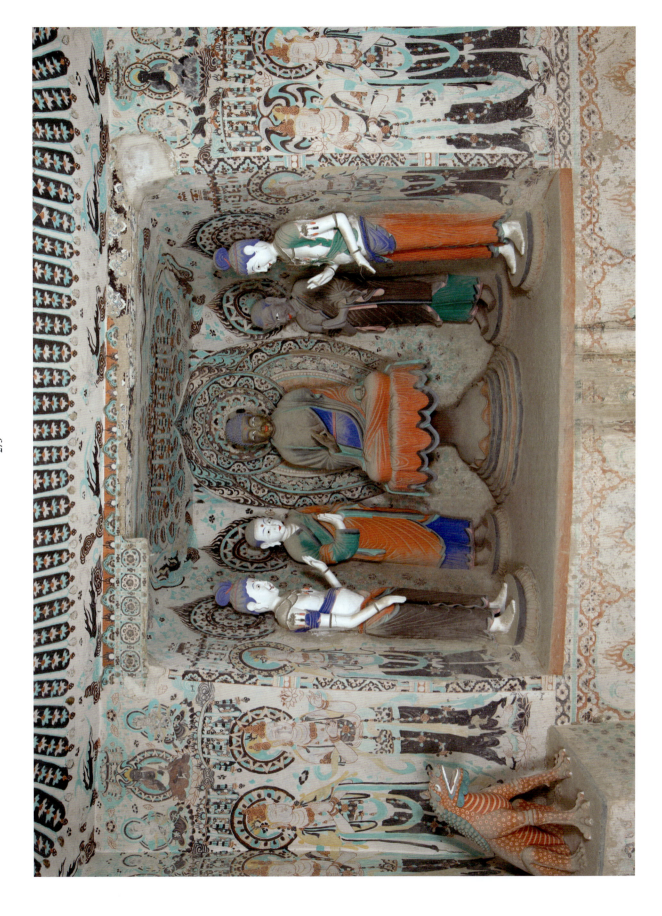

敦煌莫高窟第 353 窟，北壁。此窟为西夏重修的洞窟之一，佛龛外的壁画
为西夏所画，图中可见藻井的团花装饰图案与串花垂幔，皆为典型的西夏
风格。佛龛内有清代塑一佛二弟子二菩萨。

敦煌莫高窟第 465 窟，主室东部。此窟为元窟（一说西夏窟），是莫高窟
唯一的藏传密教洞窟。图中可见主室中央存曼陀罗坛座，窟顶呈覆斗形，
四披及室顶画五方佛及教众，其中东披画阿閦佛一铺。对比 1908 年的照片，
洞窟保存较好

敦煌莫高窟第 465 窟，主室北壁中铺。画面主体为双身曼荼罗像，其中男
尊为八面十六臂托钵喜金刚，钵内是各色人兽、神灵。与 1908 年的照片对
比，洞窟地面得到清理修复

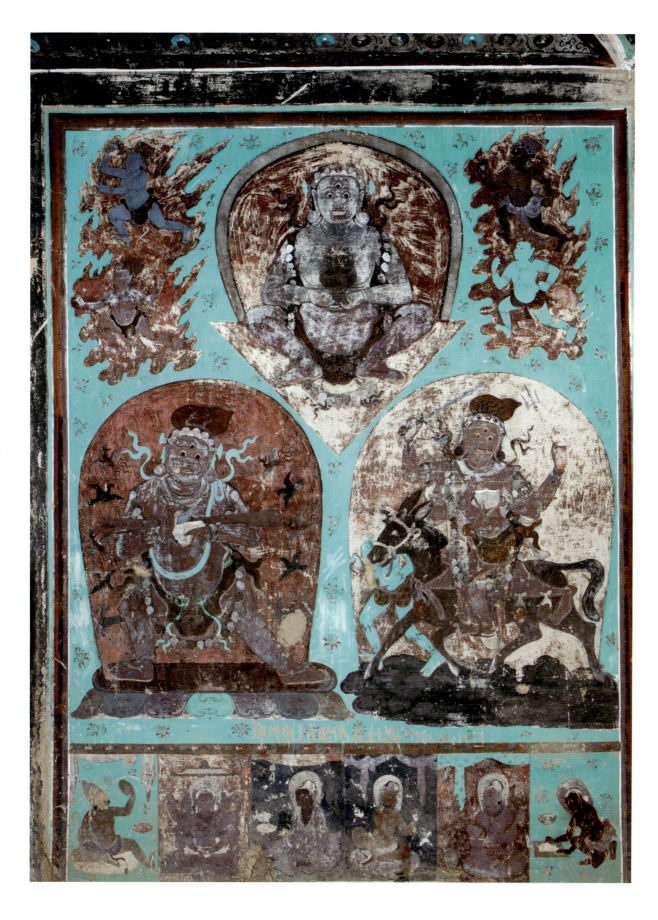

敦煌莫高窟第 465 窟，主室东壁南侧。三位主尊，上为独髻母，下为持梃
护法与吉祥天女。左右上方绘火焰童子四身，下方绘六身大成就者

285

敦煌莫高窟第 464 窟，前室南壁。元代绘制的方格故事画，内容为善财童子
五十三参变，讲述善财童子参礼人法界的故事。对比 1908 年的照片，壁画
多处遭到人为切割、刻划，损毁殆尽

287

敦煌莫高窟第 464 窟，主室西壁及南北壁局部。西夏所绘屏风画，内容为观音三十二应变相图，讲述观音菩萨为救度众生，顺应各种机缘而示现不同形相的故事。对比 1908 年的照片，部分壁画遭到人为切割而破坏。另可见西南北三壁下佛床的清理情况

敦煌莫高窟第 3 窟，北壁。此窟是元代最重要的代表窟，全窟以观音为主题。这
幅十一面千手千眼观音变，集元代线描画技法之大成。居中观音由千手千眼巧妙
地组成圆形法光；西侧绘吉祥天，东侧绘婆薮仙，下绘二护法金刚，毗那夜迦天、
猪头神；两上角绘飞天各一身。对比 1908 年的照片，画面略显斑驳

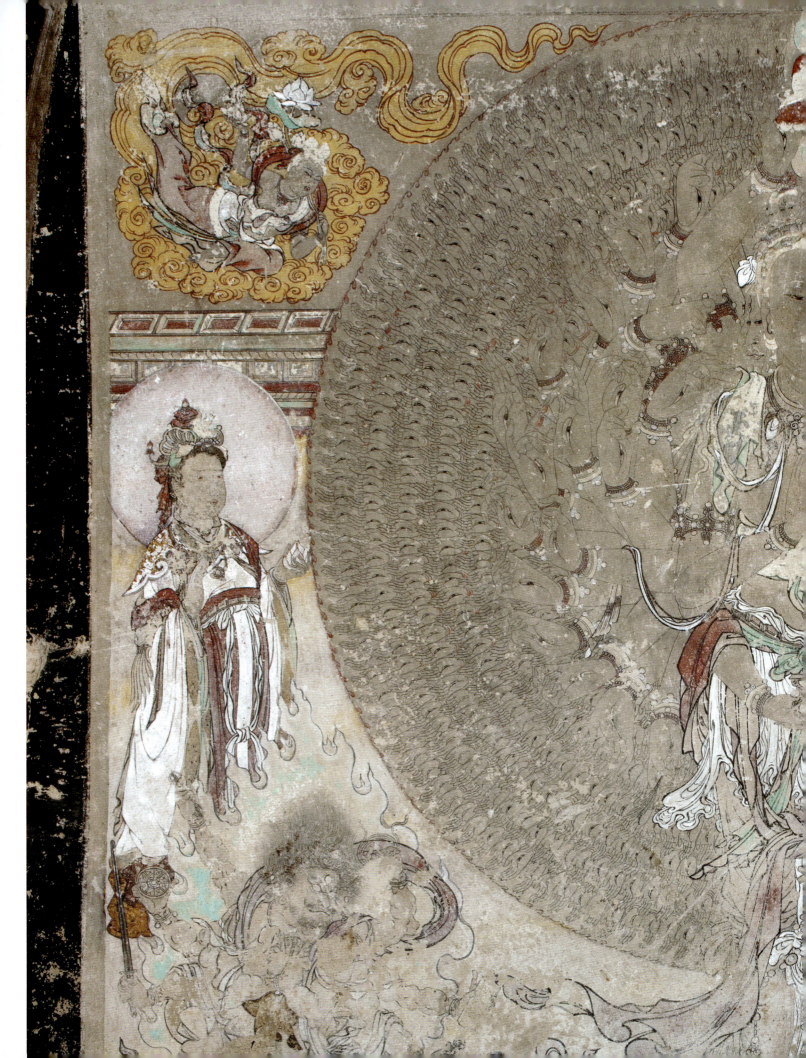

敦煌莫高窟第3窟，南壁。这幅十一面千手千眼观音变与北壁壁画风格一致，
形式基本对称。画面观音居中，为正面立像，头部重叠三层，共十一面，
千臂轮生；东侧绘帝释天，下绘跌坐梵天女，西侧绘梵天女，下绘婆罗门；
两上角各绘飞天一身。对比1908年的照片，画面略显斑驳

敦煌莫高窟第 95 窟，北壁西侧。此窟为中心柱窟，主室中心柱甬道中有元
画十六罗汉。北壁西端第一身罗汉，五官棱角分明，侧立于树下，手托净
瓶，正在观瓶悟道。对比 1908 年的照片，画面残损情况变化不大

敦煌莫高窟第 95 窟，南壁西侧。这尊长眉罗汉又称宾头卢，为十六罗汉之
首。如画面所绘，其挂杖坐椅上，长数尺的白眉，需由童子跟随捧持。对
比 1908 年的照片，长眉罗汉头部出现了新的涂鸦痕迹

301

敦煌莫高窟第 95 窟，西壁北侧。元画罗汉坐禅图，人物结跏趺坐于树下禅
床，神态生动，衣纹流畅。壁上留有道光年间观画者题字

敦煌莫高窟大雄宝殿。与 1908 年相比，最主要的变化是原来的大佛殿由五层楼改建为九层楼，洞窟崖体进行了整体加固

莫高窟古汉桥附近的洞窟。与 1908 年相比，洞窟崖体进行了整体加固，上层的木构窟檐进行了修缮

莫高窟外的宕泉河，从北向南看。与 1908 年的照片相比，现在的宕泉河架起了两座桥，在河岸筑起了防洪堤

莫高窟外景，从南向北看。对比 1908 年的照片，洞窟崖体整体进行了加固，洞窟前的树木变多了

由莫高窟看三危山。对比 1908 年的照片，现在洞窟前的树增加了许多

为了敦煌莫高窟能够永久保存，敦煌研究院从 1999 年开始实施数字敦煌项目。迄今，已有 260 多个洞窟完成了高分辨率数字采集。孙志军摄

后 记

　　这本书是我从事石窟摄影和敦煌摄影文献研究三十多年的成果之一。这个出版计划在多年前就形成了，但我勤于拍摄而拙于写作，以致十年前完成的项目一直拖到现在才付印。

　　本书正文中的历史照片几乎全部由法国西域考古探险团拍摄于1908年，考虑到这些照片的重要性，探险团团长伯希和在一百年前就坚持把它们公布于世。正因如此，今天的我们才能够通过这些照片，直观地感受到一百多年来莫高窟由于自然和人为的原因而发生的变化。同时，也希望通过这些新旧照片的对比，唤起人们的文物保护意识。

　　感谢敦煌研究院前两任院长樊锦诗先生、王旭东先生在学术研究方面给予我的指导，感谢赵声良院长欣然为本书撰写序言，感谢路育成、田志华、李小玲、褚梦甜帮我处理数据，感谢中国国家地理图书公司的王瑞智先生、杨磊先生及老友艾绍强先生在本书编辑过程中付出的所有努力。感谢我的家人一直以来对我的支持。

孙志军

2021 年 6 月 19 日于敦煌莫高窟